项目式学习实践指导丛书
丛书主编：桑国元

XIANGMUSHI XUEXI
SHIJIAN ZHIDAO
CHUZHONG LISHI

项目式学习实践指导

初中历史

石玲玲　梁美秀　赵忠花◎主编

北京师范大学出版集团
BEIJING NORMAL UNIVERSITY PUBLISHING GROUP
北京师范大学出版社

图书在版编目（CIP）数据

项目式学习实践指导．初中历史/桑国元主编；石玲玲，梁美秀，赵忠花分册主编．--北京：北京师范大学出版社，2025.9．-- ISBN 978-7-303-31304-4

Ⅰ．G633

中国国家版本馆 CIP 数据核字第 2025N4D445 号

出版发行：北京师范大学出版社 https：//www.bnupg.com
北京市西城区新街口外大街 12-3 号
邮政编码：100088
印　　刷：保定市中画美凯印刷有限公司
经　　销：全国新华书店
开　　本：787 mm×1092 mm　1/16
印　　张：13
字　　数：213 千字
版　　次：2025 年 9 月第 1 版
印　　次：2025 年 9 月第 1 次印刷
定　　价：68.00 元

策划编辑：鲍红玉　　　　责任编辑：岳　蕾
美术编辑：焦　丽　　　　装帧设计：焦　丽
责任校对：王志远　　　　责任印制：马　洁

丛书编委会

本书编委会

主编

石玲玲　梁美秀　赵忠花

编委（按姓氏笔画排序）

王　可　北京市八一学校

乔　丹　陕西省宝鸡市长岭中学

刘琳琳　北京市通州区牛堡屯学校

祁文馨　青海省西宁市第七中学中华校区

祁录金　青海省民和县第三中学

严明贵　北京市育才学校

李海峰　北京市育才学校

陈化锋　北京市三帆中学

孟令垚　北京理工大学附属实验学校

秦　瑞　北京十一学校丰台中学

序　言

教育创新的关键转向：项目式学习助力课程改革深化

当今世界正处于一个快速发展与变革的时代，对人才能力的要求从传统的知识储备转变为以创新能力、协作意识、解决复杂问题能力为核心的素养发展。这种变化对教育的理论与实践提出了全新的挑战，也为全球教育变革掀开了新篇章。在此背景下，项目式学习（Project-Based Learning，PBL）作为一种以学生为中心、突出真实情境和核心素养培育的教学范式，成为当前全球教育变革的亮点之一。国际教育界对传统的“以知识灌输为核心”的教学方式进行了深刻的反思和批判。芬兰学校教育实施“现象教学法”，美国、加拿大等国家正在逐步推行跨学科项目式学习；国际文凭课程（IB 课程）中的“个人项目”和“跨学科探究任务”成为全球教育项目化实施的典范。这些成功实践表明，项目式学习不仅能提升学生的学习主动性，而且能培养学生的批判性思维、团队合作能力，以及应对复杂问题的能力，从而为培养具有全球竞争力与创造力的未来公民提供了可能。项目式学习的独特魅力在于，它通过问题驱动与真实任务的开展，将学生置于学习的中心，让学习从被动的“听”转变为主动的“做”。学生在项目的全过程中，从提出问题、协同设计、实践探索到展示成果、反思改进，每个环节都融入了跨学科思考、问题解决和团队协作。此外，项目式学习的实施能够帮助学生认清学科知识在解决实际问题中的真正价值，从而增强学生对学科知识学习的兴趣和动机。

一、我国课程改革呼唤项目式学习：育人方式变革迫在眉睫

近年来，党中央、国务院高度重视教育领域的改革与发展，特别是在义务教育阶段，明确提出要深化教育教学改革，全面提高教育质量。2019 年，中共中央、国务院印发的《关于深化教育教学改革全面提高义务教育质量的意见》（以下简称《意见》）强调“坚持立德树人，着力培养担当民族复兴大任的时代新人”，并提出“强化课堂主阵地作用，切实提高课堂教学质量”的具体要求。2022 年，义务教育课程方案和各学科课程标准的颁布，进一步明确了“核心素养导向”的教育目标，强调要注重学生的实

践能力、创新精神和综合素质培养。在这一背景下，项目式学习作为一种以学生为中心、注重真实情境和问题解决的教学方式，成为推动我国课程改革的重要抓手。

项目式学习与我国课程改革的核心目标高度契合。项目式学习强调“做中学”，通过真实问题的驱动，引导学生主动探究、实践、反思，这与《意见》所提出的激发学生创新意识、培养学生实践能力的要求不谋而合。项目式学习还注重跨学科整合，鼓励学生在解决复杂问题的过程中综合运用多学科知识，这与《义务教育课程方案（2022 年版）》所提出的加强课程综合、突出实践的理念相一致。例如，在科学课程中，学生可以通过设计并实施环保项目，深入理解生态保护的重要性；在语文课程中，学生可以通过创作和展示文学作品，提升语言表达能力和审美素养。此外，项目式学习还强调学生的自主性和协作性，通过团队合作和成果展示，培养学生的沟通能力、合作意识和责任感。

总之，项目式学习不仅是教育理念的创新，更是教学实践的革新。在我国课程改革的背景下，项目式学习的广泛应用将为培养德智体美劳全面发展的社会主义建设者和接班人提供重要助力，同时为构建高质量教育体系注入新的活力。通过项目式学习，我们能够更好地实现从“知识本位”向“素养本位”的转变，为学生的终身学习和未来发展奠定坚实基础。

二、本书架构与特色：立体视野与实践变革

尽管项目式学习已成为教育改革的全球共识，但在具体实施过程中，不少教育者仍面临诸多问题与困惑。根据国内外研究和实践经验，项目式学习的高质量实施高度依赖教师的专业能力，包括以下几方面。一是项目设计能力：如何选取贴近学生真实生活且具有学科价值的问题，设计出有效推动学生深度学习的项目？二是项目实施能力：如何在项目实施过程中适时引导学生，尊重学生的个性化发展路径并支持他们的持续探究和深度学习？三是评价反馈能力：如何通过多元化评价方式关注学生的学习过程与结果，以实现学习效果的最大化？这些问题充分说明了推动项目式学习在中小学落地不仅需要提供先进的理念支撑，还需要提供系统且实用的专业知识支持，这正是我们编写“项目式学习实践指导丛书”的初衷。在编写这套丛书时，我们始终紧扣一线教师的实际教学需求，以帮助教师在项目式学习的各个环节中实现理论与实践的高效融通。

“项目式学习实践指导丛书”分为两个重要部分：理论基础与实践案例。理论基础部分重点介绍了项目式学习的核心理念、教学设计原则及其落实到具体学科的实践方式，以帮助教师解决在思想认知上的困惑，理解项目式学习的“道”，为实施项目式学习提供清晰的方法论指导；实践案例部分则聚焦中小学不同学段与各学科的教学特点，提供一线教师经过实践总结的项目设计方案及实施过程，全景展示项目式学习在学科教学中的具体运用方式，帮助教师认识项目式学习的“术”。这些案例涵盖不同学段、不同学科教学情境中的成功经验，可操作性强，契合一线教师的需求。我们期望通过系统化的专业支持，为广大教师在通过项目式学习变革教与学方式的道路上提供有益的导航。

三、对未来教育的展望

教育是面向未来的事业。通过项目式学习，学生不仅能掌握知识，还能学会如何学习；不仅能具备解决问题的能力，还能主动去发现并定义问题。从教育者的角度看，项目式学习超越了课本知识的局限，将教学与社会现实深度连接。对于中国教育而言，这不仅是一种课堂革命，更是一种成长方式的变革。同时，项目式学习的成功实施离不开教师的参与和成长。作为这场教育变革中的关键角色，教师既是引导者，也是实践者。在推进项目式学习的过程中，教师需要不断提升自身的教学素养，并通过学习与交流，形成持续发展的教学共同体。希望这套丛书能够成为激励教师创新教学方式、提升专业素养的重要助力工具，让教师、学生在项目式学习中真正实现共同成长。

站在教育发展的全新起点，无论是对于中小学教师，还是对于中国教育整体改革的宏大目标而言，“项目式学习实践指导丛书”都恰逢其时。我们坚信，项目式学习将为培养学生应对未来复杂社会需求的重要核心素养带来强大推动力，也将为新时代教育的高质量发展开辟更加广阔的空间。愿此套丛书能够为广大教师的教学实践提供全新的行动指南，从而助力中国教育的高质量发展和教育强国建设！

桑国元

北京师范大学

2025 年 3 月 1 日

目 录

CONTENTS

目 录

CONTENTS

目　录
CONTENTS

上篇
项目式学习概说

S H A N G

P I A N

一、项目式学习的时代价值

中国经济的快速发展和经济全球化的深入，对教育体系提出了更高的要求，培养具有创新能力、批判性思维和解决复杂问题能力的人才成为时代之需。传统的填鸭式教学方法已难以满足社会对创新型人才的需求，而项目式学习（Project-Based Learning，PBL）作为一种以学生为中心、强调实践与探究的教学模式，正逐渐被世界各地的教育者所重视和推广。

项目式学习的核心是让学生通过参与真实世界的问题解决过程，进行自主学习和合作探究。这种学习方式鼓励学生主动寻找问题的答案，而不是被动接受教师的知识传授。在这个过程中，学生不仅能够获得知识和技能，还能够增强批判性思维、解决问题的能力和团队合作精神。在中国，项目式学习具有哪些时代价值？如何服务于我国教育高质量发展？本书将从响应国家教育改革导向、助力中国教育高质量发展、顺应基础教育新一轮课程改革、帮助儿童青少年适应未来社会需求四个方面进行阐述。

（一）响应国家教育改革导向

中国政府在近年来的多项政策文件中明确提出要深化教育教学改革，推行素质教育，培养学生创新精神和实践能力。深入贯彻落实党的二十大精神，基础教育课程教学改革需要积极应对中国式现代化的基本要求，全面贯彻党的教育方针，落实立德树人根本任务，奋力绘制基础教育育人图景。项目式学习有利于贯彻《中共中央 国务院关于深化教育教学改革全面提高义务教育质量的意见》提出的“探索基于学科的课程综合化教学，开展研究型、项目化、合作式学习”的有关要求，落实学科实践、跨学科主题学习、大单元教学、大概念教学等实践样态，从而更加有效地培育学生的核心素养。广大教育研究人员开始对基于理解的设计、深度学习、表现性评价等领域开展理论研究，带动了一线教师对大概念、大单元、大主题等教与学的实践探索。其中，项目式学习由于其深刻的价值意蕴和强大的实践逻辑，在深化基础教育课程改革、创新教与学方式的过程中发挥着重要作用。

中国正在加速向创新驱动型国家转型，创新人才的培养已经成为国家发展的重要战略目标。项目式学习能够培养学生的创新思维和创造力，激发学生的创新意识，为中国培养更多的创新型人才提供了重要途径。项目式学习对当下我国拔尖创新人才的培育同样具有重要价值。拔尖创新人才培养是科技第一生产力、人才第一资源、创新第一动力的战略结合点。拔尖创新人才源源不断地涌现，是教育强国的重要标志之一。“着力造就拔尖创新人才”是教育、科技、人才统筹推进高质量发展的关键举措，是建设教育强国的重点工程，关系到百年未有之大变局中我国能否实现科技自立自强和经济创新发展，进而全面实现现代化。着力培养拔尖创新人才，有赖于唯才是举、人尽其才的用人制度，有赖于学生兴趣、潜能、个性得到充分激发的教育，它需要我国教育实现系统性跃升和质变。基础教育是教育强国的“基点”，也是拔尖创新人才成长的摇篮。着力培养拔尖创新人才，绝不是仅仅面向少数天才的教育改革，而是需要基础教育的系统性变革[1]，更需要基础教育育人方式的深度变革。

（二）助力中国教育高质量发展

传统的课堂教学往往过于注重死记硬背和应试，忽视了学生的实际能力和创新潜力。项目式学习能够打破传统教学的束缚，促进学生的主动学习和实践能力的提升，提高教育质量。项目式学习是一种创新的教育模式，能够促进教育理念和教育方式的变革。项目式学习可以逐步改变传统教育的僵化和单一性，促进教育的多样化和个性化发展，推动中国教育朝着更加现代化、多样化和个性化的方向发展，具体表现在以下几方面。第一，促进学生综合素养的全面提升。项目式学习注重对学生实践能力、创新能力和团队合作能力的培养，能够全面提升学生的综合素养。通过项目式学习，学生能够在解决实际问题的过程中，运用各种学科知识和技能，增强批判思维，提高自主学习和解决问题的能力，从而为其未来的学习、工作和生活打下坚实的基础。第二，推动教育教学模式的创新与改革。深化教育教学改革，提高教育质量，需要改变传统的教学模式，开展研究性项目式、合作式学习等。而项目式学习以学生为中心，强调学生的自主学习和合作探究，能够激发学生的学习兴趣和动力，培养学生的创新意识和实践能力，推动教育教学模式的创新与改革，促进教育高质量发展。第三，促进跨学科融合与综合素质教育的实施。项目式学习强调跨学科融合和实践应用，能够帮助学生更好地理解学科之

[1] 王烽：《拔尖创新人才培养呼唤基础教育系统性变革》，载《中小学管理》，2023（12）。

间的联系，培养学生的综合素质和跨学科能力。通过参与不同领域的项目活动，学生可以在实践中运用各种学科知识和技能，提高综合素质和综合能力，为其未来的发展奠定坚实的基础。第四，促进教育资源的优化配置和高效利用。项目式学习强调学生参与和实践，需要学校和教师提供更多的教育资源和支持。通过项目式学习，学校和教师可以更好地发挥资源优势，为学生提供更多的实践机会和学习支持，实现教育资源的优化配置和高效利用，为教育高质量发展提供保障。

（三）顺应基础教育新一轮课程改革

2022 年 4 月，我国教育部正式发布《义务教育课程方案（2022 年版）》及各学科课程标准。新一轮课程改革的创新点体现在两大方面：一是坚持聚焦核心素养，面向未来。依据学生终身发展和社会发展需要，明确育人主线，加强正确价值观引导，重视必备品格和关键能力培育。精选课程内容，注重培养学生的爱国情怀、社会责任感、创新精神和实践能力，奠基未来。二是变革育人方式，突出实践。加强课程与生产劳动、社会实践的结合，充分发挥实践的独特育人功能。突出学科思想方法和探究方式的学习，加强知行合一、学思结合，倡导“做中学”“用中学”“创中学”。项目式学习的理念完全契合上述变化：聚焦核心素养和变革育人方式。核心素养导向的新课程标准对教育目标、课程教学内容与方式及教育评价产生了深远影响，引发了对学科素养、跨学科学习、项目式学习、学科实践等概念的大讨论。项目式学习有助于推进基础教育新一轮课程改革。

第一，贯彻新课程理念。基于项目式学习的学校课程体系建设应贯彻新课程理念，强调以学生为中心，注重培养学生的核心素养和综合能力。课程设计应突破传统的知识传授模式，注重培养学生的创新精神、实践能力和解决问题的能力。第二，优化课程结构。基于项目式学习的学校课程体系建设应优化课程结构，合理设置各类课程，确保学科课程和综合实践活动的有机结合。课程设置应符合学生的发展需要和学科发展趋势，注重学科知识的系统性和连续性。第三，提升课程质量。基于项目式学习的学校课程体系建设应注重提升课程质量，优化教学内容和教学方法，提高教学效果，丰富学习体验。课程内容应贴近学生的生活和实际需求，注重培养学生的实践能力和创新精神。第四，强化跨学科融合。基于项目式学习的学校课程体系建设应强化跨学科融合，促进不同学科之间的交叉与融合。跨学科课程设计和跨学科项目活动的开展可以帮助学生理解学科之间的关联和互动，培养学生的综合素养和跨学科能力。第五，优化课程评价。基于项目式学习的学校课程体系建设应实施科学的课程评价机制，及时反馈课程实施效果和学生学习情况，为课程优化和改进提供依据。项目式学习理念下的课程评价应注重对学生综合能力和核心素养的考核，引导学生全面发展和个性成长。

（四）帮助儿童青少年适应未来社会需求

随着科技的发展和社会的变革，未来社会对人才的需求也在发生变化，要求人才具备更多的综合能力和创新能力。在快速变化的社会和经济环境中，项目式学习能够培养学生的综合能力和创新能力，为他们成为终身学习者和适应未来社会的创新者打下基础，有助于学生更好地适应未来社会的发展需求。第一，有助于培养创新思维和解决问题的能力。未来社会对人才的需求越来越强调创新能力和问题解决能力。项目式学习通过让儿童青少年参与真实世界的项目活动，培养他们的探究精神和实践能力，激发他们的创新思维和解决问题的能力，为他们未来面对各种挑战和问题提供了重要的能力支持。第二，有助于促进跨学科综合素养的发展。未来社会对人才的需求不再局限于单一学科知识，而是更强调跨学科综合素养和综合能力。项目式学习涉及多个学科领域，要求儿童青少年整合各种知识和技能来解决实际问题，有助于培养他们的跨学科综合素养，提高他们的综合能力和创新能力。第三，有助于培养团队合作和沟通能力。未来社会强调团队合作和协作能力的重要性。项目式学习要求儿童青少年与同伴合作，共同解决问题，这有助于培养他们的团队合作和沟通能力，提高他们的团队协作能力和社会交往能力，为他们未来在团队工作和社会交往中更好地融入提供了重要支持。第四，有助于培养自主学习和持续学习的能力。未来社会的知识更新速度快，要求人们具备自主学习和持续学习的能力。项目式学习注重学生的主动探索和实践，培养他们的自主学习能力和学习动力，激发他们的学习兴趣和自我驱动力，为他们未来不断学习和适应社会变化提供了重要保障。第五，培养适应变化和应对挑战的能力。未来社会变化快速，充满各种挑战和机遇。项目式学习让儿童青少年在实践中面对各种问题和挑战，培养他们的适应变化和应对挑战的能力，提高他们的应变能力和抗压能力，为他们未来成功应对各种挑战和变化提供了重要支持。

二、项目式学习的理论基础[1]

项目式学习作为一种教学活动和学习方式，融合了多种教育理论和实践，旨在通过真实的、有意义的问题情境，促进学生的自我学习和认知发展。与项目式学习高度相关的理论基础包括实用主义教育理论、建构主义学习理论、情境学习理论。

（一）实用主义教育理论

实用主义教育理论是一种深受实用主义哲学影响的教育思想，它起源于 19 世纪末的美国，由教育家杜威（John Dewey）等人倡导和发展。杜威的教育理念强调学习是一个积极的、互动的过程，主张学校教育应与社会生活相联系，并认为教育要促进学生的思维能力的培养。他的这些思想对 20 世纪的教育实践产生了重大影响，并且至今仍被世界各地的教育工作者所推崇和实践。

1. 实用主义教育理论的核心观点

一是教育与生活的结合。实用主义教育理论认为教育的过程和生活的过程是合一的，教育不仅是为将来的生活做准备，还是孩子当下生活的一部分。

二是个人经验的增长。教育的目的是让学生在真实的情境中增长自己的经验。这种经验的增长过程被视为个人成长的关键部分。

三是学校课程的设计。学校的课程应该以学生的经验为中心，摒弃传统的以学科为中心的课程体系，更加注重学生的实际体验和参与。

四是师生关系的转变。在教学过程中，教师不再是知识的单向传递者，而是成为学生成长的帮助者和引导者，学生则被置于教育教学的中心地位。

[1] 桑国元、叶碧欣、王翔：《项目式学习：教师手册》，32～46 页，北京，北京师范大学出版社，2023。

五是儿童创造力的培养。鼓励儿童在学习过程中独立思考和探索，发挥他们的创造性和主动性。

实用主义教育理论强调教育与生活的紧密结合，以及个人经验的不断丰富和成长，这些观点对现代教育实践有着重要的启示意义。实用主义教育理论在 20 世纪二三十年代对中国教育产生了显著影响，推动了中国教育的现代化进程。

2. 设计教学法

美国教育家克伯屈（William H. Kilpatrick）依据杜威的实用主义教育理论创设了一种新型教学组织形式，即“设计教学法”（Project Method）。他于 1918 年 9 月在《哥伦比亚大学师范学院学报》上发表了《设计教学法：在教育过程中有目的的活动的应用》一文并指出：“我采用‘设计’这个术语，就是专为表明有目的的行动，并且特别注重‘目的’这个名词。”[1]

克伯屈认为“设计教学”旨在激发儿童身上最好的东西，从而尽可能放手让他们实现自主管理。同时指出，设计教学法应包括以下内容：（1）必须是一个亟待解决的真实问题；（2）必须是有目的、有意义的单元活动；（3）必须由学生主导计划和实施；（4）必须是一个有始有终、可以增长学生经验、使学生通过设计获得积极发展和良好生长的活动。克伯屈的设计教学法强调学生相互合作，每个人都在活动过程中承担相应的任务，需要完成自己的部分，才能达成共同的项目目标，这些过程也需要教师的参与和指导。设计教学法的流程如下。[2]

第一步，明确目的。克伯屈认为，教学过程中，明确教学目的十分重要。设计教学法的首要任务就是明确教学目的。学生有了明确的学习目的才会产生强烈的学习愿望、学习动机与兴趣。目的的设计最好依据学生的兴趣经验，由教师和学生共同参与确定，有学生参与并认同的目的会使学生产生持久的内部动机，从而有助于目的的实现。教师在此过程中需要指导学生进行目的选择并引导其确定科学合理的学习目标。

第二步，制订计划。制订计划是设计教学法中最为重要，也是最为困难的环节。计

[1] 单中惠：《现代教育的探索——杜威与实用主义教育思想》，239 页，北京，人民教育出版社，2002。

[2] ［美］威廉·H. 克伯屈：《教学方法原理——教育漫谈》，王建新译，346 页，北京，人民教育出版社，1991。

划的制订主要依赖学生自身完成，教师只是在制订计划的过程中给予建议和意见，而不能代替学生做计划。这个过程主要是为了培养学生独立计划工作的意识和能力，具体任务包括工作的时间、人员的分配、具体材料的选择、实施的详细步骤与具体方法等，教师的参与和指导贯穿其中。

第三步，实施计划。计划实施的过程就是“想象变现”的过程，这一步需要学生将“脑中想的”“纸上写的”变为“手中做的”，这是设计教学法中最为丰富多彩的环节，也是学生最感兴趣的环节。在学生出现各种原因导致的实际做法偏离原定目标的行为与做法时，教师的存在就显得尤为重要。教师需要在计划实施中通过暗示、鼓励和提建议的方式引导学生重申原定目标，采取正确的方式，克服困难，进而完成任务。

第四步，评价结果。结果评价的标准与方法一般由教师制定，学生之间开展评价。评价的内容主要包括：整个计划实施过程是否按照原定计划进行？原定学习目标是否实现？你从设计活动中获得了什么？制订的计划与实施方案有什么优点与缺点？

3. 实用主义教育理论与项目式学习

实用主义教育理论与项目式学习之间存在着紧密的联系，二者都强调教育的实用性和学生中心的教育模式。实用主义教育理论为项目式学习提供了理论基础，而项目式学习则是实用主义教育理论在实际教学中的一种体现。

（1）“做中学”与项目式学习。项目式学习的本质是“做中学”，“做中学”的关键在于通过“做”，实现“学”。“做中学”是使学习的各种要素在“做”中发生作用，“做”是“学”的手段和途径，“学”是“做”的目的和结果。项目式学习的关键在于如何运用学生的“做”促使学生学习的发生，使学生在“做”的过程中获得知识、习得技能，使学生学会怎么做，知晓为什么这样做，依据何种知识原理来做。如果只是简单学会了技能，可能学习还只是停留在低级的模仿阶段。项目本身并不会产生教育教学意义，其价值的挖掘与发挥关键在于能够围绕项目设计出有意义的学习过程。换言之，只有在项目的设计与实施过程中产生丰富的教与学活动，项目式学习才具备完备的教学功能与作用。

（2）五步教学法与项目式学习。不难看出，杜威的五步教学法与项目式学习的几个环节存在高度相似性：从情境、问题出发，提出假设，解决问题。项目式学习是以真实的或模拟的情境问题为出发点，让学生利用校内外的各种资源及自身的经验，通过“做中学”，完成探究任务，获得知识与技能。项目式学习强调现实，强调活动，与杜威的实用主义教育理论是一致的。需要指出的是，杜威的五步教学法和项目式学习的环节，并非必须在一节课之内完成。在实践中，有不少教师在一节课内盲目追求五步教学法，过于教条，不值得提倡。

（3）学生兴趣与项目式学习。兴趣是一种心理定势，以“刺激 - 反应”为依据。持久不懈的、目前尚未被激发的兴趣意味着具备了一组适当的“刺激 - 反应”联结。当激发了这组联结而一心想做某件事情时，兴趣就处于活跃状态。项目式学习基于学生的学习兴趣，给学生选择自己感兴趣的内容作为研究对象的机会，对于教师而言，这也是挑战性比较大的，因为学生的兴趣多种多样，对学生感兴趣的程度及持续性的判断非常重要。兴趣能够保持学生积极和谐的状态，也能保证学生对项目式学习的专注程度与努力期望。因此，教学的过程应该首先激发学生的兴趣，教学活动的设计应适合学生的能力，从学生的兴趣出发并始终满足学生的兴趣，最终超越学生当前的发展水平。

（4）教师职责与项目式学习。在项目式学习中，教师的职责有三点。一是给予学生适当的自由。在项目式学习中，教师需要放权给学生，让学生有一定的选择权、决策权与自主权，但是这种权利不是无限度的。二是协助学生确立学习目标。协助学生明确目标并热衷于自己所做的事情，明确的目标能使学生提升成功体验感、任务满意度，降低烦躁感，进而达成自我实现。三是给予学生及时指导。在制订计划、实施计划、开展评价过程中，教师作为指导者、引导者贯穿始终。学生是发展中的人，思考问题的能力不够全面、成熟，尚需来自成人世界的指导和建议，教师便是沟通学生与成人世界的关键桥梁。

（二）建构主义学习理论

建构主义是认知主义的一支，盛行于 20 世纪 50 年代，以皮亚杰（J. Piaget）的个人建构主义和维果茨基（L. Vygotsky）的社会建构主义为代表。建构主义是行为主义转向认知主义的飞跃，在 20 世纪 90 年代逐渐发展成为一种新型的、独立的教育理论，对教育过程中的知识与学习作出新的阐释。建构主义是一种关于知识和学习的理论，强调学习者的主动性，认为学习是学习者基于原有的知识经验生成意义、建构意义的过程，而这一过程常常是在社会文化互动中完成的。建构主义对教学设计具有重要指导价值。[1]

1. 建构主义的代表人物

建构主义的最早提出者可追溯至瑞士的皮亚杰。他是认知发展领域最有影响的一位心理学家，他所创立的关于儿童认知发展的学派被人们称为"日内瓦学派"。皮亚杰关于建构主义的基本观点是，儿童是在与周围环境相互作用的过程中，逐步建构起关于外部世界的知识的，从而使自身认知结构得到发展。而儿童与环境的相互作用涉及两个基本过程，即"同化"与"顺应"。[2] 同化是指个体把外界刺激所提供的信息整合到自己原有认知结构内的过程，顺应是指个体的认知结构因外部刺激的影响而发生改变的过程。简言之，同化是认知结构数量的扩充，而顺应则是认知结构性质的改变。认知个体通过同化与顺应两种形式来达到与周围环境的平衡：当儿童能用现有图式去同化新信息时，他处于一种平衡的认知状态；而当现有图式不能同化新信息时，平衡即被破坏，而修改或创造新图式（顺应）的过程就是寻找新的平衡的过程。儿童的认知结构就是通过同化与顺应过程逐步建构起来，并在"平衡—不平衡—新的平衡—新的不平衡"的循环中不断得到丰富、提高和发展的。

维果茨基，苏联心理学家，社会文化历史学派创始人。他认为只有在儿童所经历的历史和文化背景下来理解儿童的发展才有意义。维果茨基对学习理论的最大贡献是提出了"最近发展区"这一概念。维果茨基认为，学生的发展水平有两种：一种是学生在其独立活动时便能达到的水平，称之为"现实发展水平"；另一种则是"儿童尚不能独立完成任务，但在成人的帮助下，在集体活动中通过模仿和学习才能达到的水平"，称之为"潜在发展水平"。而现实发展水平与潜在发展水平之间的差距就是最近发展区。[3] 教学的黄金切入点正是个体的最近发展区，这要求教师基于最近发展区，为学生提供带有挑战性的学习内容，充分挖掘其潜能，调动其学习积极性，使之超越最近发展区达到下一个发展阶段，从而把儿童的潜在发展水平变成现实发展水平，同时不断创造新的最近

[1] 李维东：《皮亚杰的建构主义认知理论》，载《中国教育技术装备》，2009（6）。
[2] 俞晓琳：《略论皮亚杰理论对科学教育的启示》，载《教育研究》，1997（1）。
[3] 黄都、李佳：《基于"最近发展区"的教与学——理解、应用、发展维果斯基的观点》，载《江西教育科研》，2006（9）。

发展区。

2. 建构主义的主要观点

建构主义认为，学习者的知识是在一定社会情境下，借助他人的帮助，如人与人之间的协作、互动，通过意义建构而获得的。[1] 因此，建构主义强调，理想的学习环境应当包括“情境”“协作”“对话”“意义建构”四个部分。

（1）情境。学习环境中的情境必须有利于学习者对所学内容的意义建构。因此，教学设计需要考虑有利于学生建构意义的情境创设问题，并将情境创设视为教学设计的重要内容之一。

（2）协作。协作可以使原本各自为营的学生从竞争关系转向群策群力的合作关系，有利于学生之间共同进步、共同发展。协作应贯穿整个学习活动过程。师生之间、生生之间、师生与社会环境之间的协作，对学习资料的搜集与分析、假设的提出与验证、学习过程的监控与反馈、学习结果的评价与反思、知识意义的建构与生成都有十分重要的作用。

（3）对话。对话是协作过程中最基本的方式或环节。例如，学习小组成员之间必须通过对话来商讨如何完成规定的学习任务以达到意义建构的目标，怎样更多地获得教师或他人的指导和帮助等。其实，协作学习的过程就是对话的过程，在这个过程中，每个学习者的想法都被整个学习群体共享。对话是达到意义建构和推进学习进程的重要手段之一。

（4）意义建构。意义建构旨在对事物的性质、规律及事物之间的内在联系进行建构，是教学过程的最终目标。在学习过程中帮助学生建构意义就是要帮助学生对学习内容所反映的事物的性质、规律及事物之间的内在联系达到较为深刻的理解。[2] 学生习得知识的“质量”，取决于学习者根据自身经验去建构有关知识意义的能力，而不取决于学习者记忆和背诵教师所讲授的内容的能力。

3. 建构主义学习理论与项目式学习

建构主义学习理论不仅能够成为项目式学习的理论基础，而且它们的结合有助于推

[1] 王沛、康廷虎：《建构主义学习理论述评》，载《教师教育研究》，2004（5）。
[2] 钟志贤：《建构主义学习理论与教学设计》，载《电化教育研究》，2006（5）。

动教育实践的发展，促进学生的深度学习和综合素养的提升。

（1）最近发展区与项目式学习。项目式学习目标的设定应指向学生的最近发展区，任务难度应适中。过于简单的项目任务，容易浪费学生的学习时间；过于复杂的学习任务，容易使学生产生畏难情绪甚至放弃参与项目活动。只有符合最近发展区的项目任务，才能调动学生的积极性，发挥其潜能。教学方法、手段也应考虑最近发展区。[1]在知识掌握的初始阶段，教师需要给予持续、充分的指导，使学生能够理解并掌握完成目标技能所需的动作序列。随着指导的继续，课堂的中心应逐渐由教师向学生转移。教师的讲解、提示和演示逐步减少，学生的操作、思考、合作逐渐增多，直到学生能够熟练掌握该项技能。例如，在布置项目式学习任务时，教师可以通过举例、实地探访等方式，引发学生的心理机能冲突，因势利导回到项目任务本身，从而激发学生的学习兴趣。

（2）支架式教学与项目式学习。支架式教学是基于最近发展区理论提出的一种以学习者为中心、以培养学生的问题解决能力和自主学习能力为目标的教学方法。在教学过程中，支架式教学往往有六个环节，分别是引入、示范、简化任务、维持参与、评价与反馈、控制挫折感。具体程序体现为一步一步地为学生的学习提供适当的、小步调的线索或提示，即支架，使学生通过这些支架一步一步攀升，逐渐发现和解决学习中的问题，掌握所要学习的知识，提高问题解决能力，成长为一个独立的学习者。[2]这种教学方法完全与项目式学习的操作流程和目标追求相一致。在项目式学习活动中，鼓励、讲解、提示、回馈、演示、点拨、指导等都可以作为学习支架使用。

（3）维果茨基评价观与项目式学习。首先，基于最近发展区理论，教师需要通过对学生的诊断性评价精准定位学生现有的知识水平及学习需求，从而有针对性地选择项目式学习的任务。其次，通过对学生的形成性评价，教师和学生能及时获得反馈信息，从而更好地改进项目式学习的活动过程，提高产品质量，促进学生发展。最后，通过对学生项目成果的评价，学生可以了解自身知识、技能掌握程度，教师可以明确教学目标的实现程度，进而确定学生在后续教学活动中的新起点（新的最近发展区），为学生制定

[1] 傅四保：《建构主义学习理论指导下的项目教学法初探——以“教育技术学研究方法”课程教学为例》，载《中国大学教学》，2011（2）。

[2] 邹艳春：《建构主义学习理论的发展根源与逻辑起点》，载《外国教育研究》，2002（5）。

新的学习目标提供依据。

项目式学习实质上就是一种基于建构主义学习理论的深度探究性学习模式。建构主义要求学生基于复杂的真实情境，主动去搜集和分析有关的信息资料，对所学的问题提出各种假设并努力加以验证，善于把当前学习内容与自身已有知识经验建立联系。项目式学习与建构主义学习理论均强调学习的建构性，强调应在合作中学习，在不断解决疑难问题的过程中完成对知识的意义建构。项目式学习着力于学生的学，目标指向学生的创新能力、问题意识、合作意识及关注人类发展的意识和责任感的培养。可以说，二者在强调学习的探究性、主体性、交互性、过程性、开放性等方面具有高度相似性。所以，项目式学习在本质上是一种建构性学习。建构性学习符合学习的本质，能促进人的深度学习，进而实现核心素养和学科能力的可持续发展。在项目式学习过程中，学生是项目活动的积极参与者和知识的积极建构者，教师是学生学习的陪伴者和引路人。

（三）情境学习理论

情境学习是由美国加利福尼亚大学伯克利分校的让·莱夫（Jean Lave）教授和独立研究者爱丁纳·温格（Etienne Wenger）提出的一种学习方式。1991 年，莱夫和温格在其代表作《情境学习：合法的边缘性参与》（*Situated Learning: Legitimate Peripheral Participation*）一书中，提出了三个核心概念。一是“实践共同体”，指由从事实际工作的人组成的“圈子”，而新来者将进入这个圈子并试图从中获得这个圈子中的社会文化实践。实践共同体意味着参与一种活动体系，参与者共同分享对他们所做的事情的理解，以及这对于他们的生活和共同体意味着什么。[1] 二是“合法的边缘性参与”，这一术语有三个关键点：所谓“合法”，是指实践共同体中的各方都愿意接受新来的不够资格的人成为共同体中的一员；所谓“边缘”，意味着多元化、多样性，是指学习者开始只能围绕重要的成员转，做一些外围工作，然后随着技能的增长，才被允许做重要的工作，进入圈子的核心；所谓“参与”，即学习，学习者在参与实践活动、与同伴互动的过程中获得建构知识的方法，增强参与实践活动的能力，提高个体社会化水平。三是

[1] 李翠白：《西方情境学习理论的发展与应用反思》，载《电化教育研究》，2006（9）。

“学徒制”，即通过师带徒的方式进行学习。

1. 情境学习理论的教育主张

情境学习理论认为，学习不仅是个体的意义建构过程，还是在真实的环境中，人们共同参与探讨知识经验的过程，强调学习的社会性、互动性、过程性、能动性和情境性，将学习者与情境合二为一视为统一体，最终实现个体与群体的共同成长。通过学习氛围的营造，学习者在情境中互相交换知识经验，最终形成新的知识体系，实现共同进步。可以说，创设学习情境是教师的主要任务之一。知识的意义连同学习者自身的意识与角色都是在学习者和学习情境的互动、学习者与学习者之间的互动过程中生成的，因此学习情境的创设就致力于使学习者的身份和角色意识、完整的生活经验及认知性任务重新回归到真实的、融合的状态，力图解决传统学校学习的去自我、去情境的顽疾。基于情境学习理论的主张，学习的本质就是对话，学习的过程就是广泛的社会协商。

情境学习理论主张现场学习和社会实践学习。学习与认知在本质上是情境性的，知识与活动是不可分离的，无论学什么，都只有围绕促进实践能力的形成、加速个体的社会化进程，才能真正地使个体学有所成，学以致用。[1] 也就是说，你要学习的东西将实际应用在什么情境中，那么你就应该在什么样的情境中学习这些东西，即“在哪里用，就在哪里学”。例如，你要学习做菜，就应该在厨房里学习，因为你以后炒菜就是在厨房里。再如，你要学习讨价还价的技巧，就应该在实际的销售场合学习，因为这一技巧最终是用在销售场合的。为什么要这样学习呢？因为在莱夫和温格看来，学习不能被简单地视为把抽象的、去情境化的知识从一个人传递给另外一个人；学习是一个社会性的过程，知识在这个过程中是由大家共同建构的；这样的学习总是处于一个特定的情境中，渗透在特定的社会和自然环境中。显然，情境学习理论强调两条学习原理：第一，在知识实际应用的真实情境中呈现知识，把学与用结合起来，让学习者像专家、“师傅”一样进行思考和实践；第二，通过社会性互动和协作来进行学习。

2. 情境学习理论与项目式学习

情境学习理论的倡导者试图提出一种新的学习方式——参与社会实践，在应用情境

[1] ［美］J. 莱夫、E. 温格：《情境学习：合法的边缘性参与》，王文静译，35 页，上海，华东师范大学出版社，2004。

中学习知识技能。项目式学习就是让学生在真实的或模拟的工作情境中通过多种方式参与工作过程，通过与同伴、教师、家长、专家的对话与协作，完成典型的工作任务，从而逐步从新手成长为理论联系实际的专家，这与情境学习理论是一致的。在情境学习理论看来，学生是积极的探究者，教师的作用是创设一种学生能够积极探究的情境，而不是提供现成的知识。

（1）重视知识、技能的迁移。情境学习理论强调设计一个符合学习目标的情境，从而使学生能够整合运用知识和认知技能。学生在情境实践中不仅可以学习他们需要的基本技能，还可以学习何时应用及如何应用这些技能。例如，学生在学习一项技能时，根据教材中的步骤，一步步操作，记诵一些无意义、无情境性的内容，最终无法达到深层次理解，更不容易将学到的经验应用到新情境中。而在项目式学习中，教师注重提供有意义的情境活动，鼓励学生参与如概念理解、解决实际问题等的技能运用过程。项目式学习通过多元活动，促使学生举一反三，把学习到的经验广泛地运用到更多的情境中，获得更深入、更广泛的理解。

（2）注重知识技能习得的情境性。情境学习理论的核心主张认为，必须在一定的情境中学习知识，致力于将课程与现实生活融合，力图解决传统教育教学去情境化的顽疾。项目式学习思想与情境学习理论的观点高度契合。项目式学习旨在突破传统“传输 - 获得”这一教学模式，将学科内容的习得和工作、生活问题的项目化、情境化解决结合起来，鼓励学生多角度思考，为有意义的真实问题寻求独特的解决方案，从而真正体会知识的价值与意义。

（3）协作学习。情境学习理论高度重视协作在学习中的作用。学习离不开互动。学习者分享理解、争论概念、评价问题等社会性互动现象和过程，对全体学生的进步有重大贡献。[1] 项目式学习注重项目筹备、执行和总结过程中群体思想的碰撞，鼓励协作、分享。项目式学习实质是一个生生合作、组组交流及师生互动的学习过程，可以更好地培养学生的交际能力、团队精神和合作意识。

[1] 胡航、任友群：《合法的边缘性参与下的 M-learning 共同体》，载《中国电化教育》，2006（9）。

三、项目式学习的“三六”标准[1]

（一）项目式学习设计六要素

高质量的项目式学习设计应使学生认识到项目活动的意义与重要性，从而产生学习动机与兴趣。此外，项目式学习还从传统教学关注即时效果与单一内容转向关注学生全人发展，需要教师纵贯整个单元、整个学期或学段进行项目的整体设计。本书基于课程发展的设计原则，构建项目式学习设计的六要素标准，包括问题驱动、持续探究、学生参与、学科融合、产品导向与评价引领，引导教师设计项目式学习内容结构。

1. 设计要素一：问题驱动

作为项目式学习设计的关键支撑，在组织活动和评价环节，驱动问题具有“灯塔”作用。高质量的驱动问题指向学科本质，以清晰具体的语言表达核心任务，兼具开放性、可持续性与迁移的可能性，从而激活学生的高阶思维，让学生有方向感和挑战感。为此，教师需要把握学科核心素养，对学科知识体系有深刻和系统的认识；通过设计高质量的驱动问题，让学生沉浸于完成项目的过程，并自觉实现对概念的理解和跨越情境的迁移，最终形成核心素养。

2. 设计要素二：持续探究

项目式学习在本质上属于深度且持续的探究活动。杜威将探究划分为“常识探究”与“科学探究”两种类型。前者体现行动逻辑，如对日常生活现象的观察、生活工具的制造等；后者体现思辨逻辑，即超越日常经验，以符号系统认识世界。一般而言，常识探究在儿童身上表现较早，通过它所形成的智力习惯则是科学探究的基础。[2]项目式学习的探究遵循一条项目主线，即驱动问题开始—获取资源—测试想法—发现答案—得出结论。事实上，任何“问题情境”都无法离开探究学习。这种持续、真实、深入的探究，往往能引发创新，如催生一个驱动问题的新答案、一个新产品或者一个问题的独立解决方案。

3. 设计要素三：学生参与

项目式学习的最大特点之一，是倾听学生的声音。具备行为主义或教师中心主义

[1] 桑国元、叶碧欣、黄嘉莉等：《构建指向中国学生发展核心素养的项目式学习标准模型》，载《中国远程教育》，2023（6）。

[2] 邹红军、柳海民：《杜威的“探究认识论”与探究学习》，载《全球教育展望》，2018（5）。

理念的人往往认为，教学设计是教师的事情，不需要学生参与。然而，这种观点在项目式学习的教学设计中并不适用。如果所有的学习设计都是由教师完成的，那么这种学习在本质上仍然是一种“以教师为中心”的学习。在以学习者为中心的课程教学创新实践中，项目式学习需要学生主动进入项目，并对自己的学习负起责任，如自己决定怎么做计划，如何去探究，时间如何分配，如何解决各种问题，成果如何展示和分享等。

4. 设计要素四：学科融合

项目式学习强调学习的“跨学科性”，即将各种学科特定知识导入公共项目或解决方案中，尽管每个学科融入产品的程度有所不同，但产品的各个要素之间会相互调整。如今，现实生活中的许多问题不再以传统单一学科形式出现，而正在向着多维领域发展。单一的学科认知虽然会带来垂直向上的专业发展，但也在一定程度上阻碍了学习者灵活运用知识与多学科整合的可能。项目式学习旨在建立起学科与生活的内在联系，并通过跨学科的协作助推学生的知识整合。

5. 设计要素五：产品导向

产品是展现真实学习的载体，设计面向公众（如同学、教师、家长、专家、社区人员、企业人士和政府职员等）的产品展示，有利于激发学生的学习效能和学习投入，形成有效学习的良性循环。项目式学习不等同于做项目，其最终产品应该反映出学习者的价值承载，充分展现学习者的思路。因此，在设计项目式学习的产品目标时，教师应该遵循“适度挑战”的原则。首先，产品必须要求学生有所努力和思考才能实现，透过产品能够看出学生对学科内容、概念和技能的掌握，体现知识建构的过程。其次，产品的难度与学生能力相匹配，学生能自主地讲述完成产品的过程，并解释产品设计的原因，避免教师或家长的替代行为。

6. 设计要素六：评价引领

项目式学习评价与当下的教育评价变革理念取向一致，都主张关注学习者学习和解决问题的过程。从规范取向来看，项目式学习评价设计兼顾学习的内容与质量，既关注“学什么”，也关注“学会什么”。项目式学习重视表现性评价，但也不排斥传统的标准化评价。高质量的项目式学习评价设计有助于实现鉴定、改进与激励的评价功能，培养学生直面失败的韧性及坚持不懈的态度。基于威金斯（Grant Wiggins）“追求理解的教学设计”（Understanding by Design，UbD），项目式学习采用“以终为始”的评价理念，通过评价对接学习目标和最终成果。

（二）项目式学习实施六要素

项目式学习的实施体现在项目启动、项目计划、项目执行、项目监控与项目终结等环节中。基于课程发展的实施原则，以教师在开展项目式学习中的角色为基础，发展项目式学习的实施六要素模型，包括聚焦课标、建构文化、项目管理、搭建支架、评估学习和复盘反思，让教师更容易理解并实施项目式学习。

1. 实施要素一：聚焦课标

课程标准在宏观上反映出国家对学生学习过程基本规范与学习结果的真实期望，在微观上界定了学生个体在经过特定时间段的学习之后应该知道什么和能做什么。总体而言，课程标准体现的是社会对学生学业质量的要求，并呈现出从关注知识技能转向关注核心素养的发展趋势。[1] 在新课标的背景下，教师在实施项目式学习时应思考以下问题。首先，如何将课程标准中的知识学习转变为做事情、做项目的学习，从而体现“做中学”？其次，如何在项目式学习中培养学生的价值判断、公共关怀的态度、习惯和能力？再次，如何引导学生将浅表学习转变为指向意义建构、成就体验、自我实现的深度学习？最后，如何通过项目式学习实现从现实问题到学科问题的水平学科化及从学科问题到学科知识概念、应用与发展的垂直科学化？

2. 实施要素二：建构文化

课堂教学文化是一种“隐形课程”，对学生核心素养具有先导性和全方位的影响。项目式学习的课堂教学文化体现在规则、制度与空间环境中，与之相对的是三种文化建构策略。第一，教师分享课堂共有的核心价值观和信念并适当赋权，如合作的文化、相信的文化、反馈的文化等。第二，教师引导学生共同制定项目式学习公约，能够让学生感受到在学习管理中的发言权，提升主人翁意识，同时，也能够变革传统课堂的权力分配，让课堂变得更加民主。第三，教师与学生一起布置学习空间，如确定桌椅的摆放方

[1] 邵朝友、杨宇凡、胡晓敏：《指向学科核心素养的单元设计：建构一致性的视角》，载《全球教育展望》，2021（8）。

式和获取网络资源的时空等，以便更好地支持协作学习的展开。此外，教师可为正在进行的项目专门开辟公告栏或项目角作为临时空间，以展示项目小组公约、项目进程安排、项目产品等。

3. 实施要素三：项目管理

项目式学习的实施通常需要经历较长的时间，且涉及多方主体的协作，因此，管理对于项目实施而言是必不可少的。项目管理贯穿整个项目周期，包括综合管理、范围管理、时间管理、成本管理、质量管理、人力资源管理、沟通管理、风险管理及采购管理等。为了保证学生的协作与项目进度，实现学习效果的最大化，教师需要在项目管理中合理安排课堂中的团队工作时间、小组合作时间和个体工作时间；基于项目情况和学生需求，合理分组，赋予学生适当角色与发言权和选择权；使用项目管理工具（如小组日历、团队公约、学习日志等），支持学生的自我管理和协作学习；始终遵循课堂规则和学习公约；设定进程表和截止日期，并灵活遵循。

4. 实施要素四：搭建支架

项目式学习的过程就像是在“登山”，为了使每位“登山者”有个性化的体验，教师可以提供“景点介绍”“路线图”“登山工具”，帮助学生根据自己的喜好和能力选择合适的路线和工具。其中，景点介绍、路线图和登山工具可以对应项目式学习支架的三种表现形式：范例支架、内容支架与方法支架。项目式学习中的自主学习和问题解决过程容易消耗学生的认知资源，教师为学生的“学”搭建“支架”，其作用在于减轻学生的认知负荷，使学生能够通过同化和调整来达成新知识的平衡，构建新的知识和经验，迈向更高阶的学习。随着项目的推进和迭代，学生具备自己获取成功的自信和能力时，教师就可以逐步移除支架，或者搭建更高级别的支架。近年来，也有越来越多的学者提出通过在线学习与信息技术，实现复杂项目的协同与迭代。[1]

5. 实施要素五：评估学习

项目式学习非常注重综合性评估（包括形成性评价和终结性评价）对于推进学生学习和发展的价值。教师需要具备评估能力，对学生的学习进行合理的评价。为了更好地

[1] 熊邦忠、张希明：《O2O迭代式项目学习的设计与应用——基于首要教学原理视角》，载《中国远程教育》，2020（4）。

实现评价的引领目的，教师需要在项目启动阶段清楚地公布评价的标准、内容、方式、里程碑任务和截止时间等。在实施项目式学习评价的过程中，教师要充分关注评价目标、评价时机、评价主体，在个人和小组、自评和他评、学科知识和核心素养的评价之间寻找平衡点。同时，教师应注重收集项目成果及其他证据，采用批评性反馈的结构化工具，获取学生的有效反馈，以支持教学决策。

6. 实施要素六：复盘反思

《论语·学而》记载，曾子曰："吾日三省吾身：为人谋而不忠乎？与朋友交而不信乎？传不习乎？"这也启示我们，在项目式学习的过程中，需要不断对行动进行复盘和反思。项目式学习中的复盘贯穿整个项目过程，而不局限于项目终结时刻，教师可以根据发展阶段对相关步骤进行复盘反思，如每日学习复盘、项目任务阶段性复盘、项目完成后全面复盘等。对于学生而言，反思本身就是学习能力的一种体现，学生通过反思自己在项目式学习中的行为表现，再次内化基础知识，促进知识网络的系统整合。

（三）项目式学习评价六要素

基于课程发展的评价原则，评价标准可以帮助教师自我评价项目式学习的整体质量。在当前"为素养而教"的教育政策视角下，项目式学习应具备以下六个评价要素。

1. 评价要素一：知识度

素养是知识情境性和实践性的表达，学生通过在复杂情境和问题解决中应用知识，实现化知识为素养的目的。[1] 核心素养的培育无法脱离知识学习，项目式学习亦是如此。项目式学习关注知识习得的"意义"原则：一是知识的实践性与情境性，学生能够考虑解决现实生活中的问题所需要的一种或多种学科知识；二是知识的价值性，学生能够体会接受教育在于能拥有美好的生活，教育本身就是目的。若要达到项目式学习的知识度标准，教师需要以系统化、结构化的思维模式研究教材，准确定位每个单元知识点，识别与项目式学习有关的课程内容。与传统的知识学习方式不同，项目式学习中的知识习

[1] 张良、王克志：《知识与素养究竟是什么关系——实体性与生成性之间必要的张力》，载《课程·教材·教法》，2020（5）。

得并非脱离情境的反复操练，而是借助真实的任务情境，让学生理解如何通过提取和重组知识来解决问题，并在各种情境中举一反三，实现对概念的深度理解。衡量项目式学习知识度的基本问题包括：基于学习需求，需要匹配哪些课程内容？哪些是良构知识 / 问题（可能只有一个满意的答案 / 解决方案）？哪些是劣构知识 / 问题（可能包含多种答案 / 解决方案）？

2. 评价要素二：真实度

项目式学习的真实度主要体现为“真实任务”“真实问题”“真实情境”。一方面，基于杜威“做中学”理念，项目式学习不局限于学习书本知识，而是在解决真实世界中的复杂问题和形成真实产品的过程中获得知识增长和能力提升。学生沉浸在真实的学习活动中时，可以养成有效的“迁移能力”，如区分信息的可信度、耐心参与长期计划、跨越学科边界、提出创新性解决对策等。另一方面，项目式学习的情境真实度体现在学习者使用的资源、工具、场景上。如此，学生将有更多的机会接触到成年人在现实环境或工作中真正使用的方法、工具、流程、标准等。判断项目式学习真实度的基本标准包括：项目主题是否源于真实生活，是否具有开放性、探究性和可持续性；项目产品是否蕴含真实的社会意义和价值，是否赋予学生不同职业角色解决问题的体验。

3. 评价要素三：实践度

《论语》开篇为“学而时习之，不亦说乎？”，其中的“习”，有实践、实际演练之意[1]。从“学以致用”到“用以致学”，实践取向的教学认识勾勒出了化知识为素养的教学机理。[2]2022 年教育部发布的《义务教育课程方案（2022 年版）》明确指出要加强课程与生产劳动、社会实践的结合，也再次凸显了实践的独特育人功能。项目式学习是一种具有探究性和综合应用性的实践学习，主张学生通过观察、参观、调查、手工制作、服务等形式，学习解决真实世界问题的方法。在项目式学习中，平衡理论学习与实践学习的关系十分必要，教师应在二者之间搭建“支架”桥梁，引导学生运用知识形成解决方案或制作出产品，提升问题解决能力，生成新知识，促进学生核心素养的自然生

---

[1] 李启谦：《关于“学而时习之”章的解释及其所反映的孔子精神》，载《孔子研究》，1996（4）。
[2] 张良、王克志：《知识与素养究竟是什么关系——实体性与生成性之间必要的张力》，载《课程·教材·教法》，2020（5）。

长。[1] 总之，实践度始终是评价项目式学习的质量的重要标准。衡量项目式学习实践度的基本问题是：项目如何帮助学生提升动手实践能力？通过哪些方法帮助学生实现知识运用于生产生活？

4. 评价要素四：协作度

社会建构学习论主张，学习是学习者根据自己原有的学习经验和知识背景，在与他人的协作、互动中主动建构意义的过程。在项目式学习中，协作是一个关键特质。学生通过师生协作、生生协作，充分利用组织资源，对项目中的关键问题进行讨论、交流、互动，直到更加深刻地理解与掌握学习任务，进而实现共同目标。需要指出的是，合作、互补、争论、妥协是团队协作的常态，也是真实社会中工作团队所面临的真实场景。在组建项目式学习中的学生协作团队时，应综合考虑成员的特长、性格与能力差异，充分发挥协作的价值。评价项目式学习协作度的基本问题包括：学习活动中都有哪些参与主体？不同主体之间是如何协作的？学生是否从协作中获益？

5. 评价要素五：参与度

项目式学习中的参与，不仅体现在学习者的认知和行为层面，更关涉学习者的情感层面，体现出学习者在兴趣、态度、动机、投入与情感等一系列非认知性因素影响下的综合表现。真正的学习参与并非“声音”和“活动”，而是一种走向思维的深度理解、判断、交流与对话。[2] 换言之，高质量项目式学习是通过驱动问题、情境体验、协作互动、支架支持等方式，带领学生参与其中，感知项目的现实意义，并对项目任务充满兴趣和自信。因此，提高学生在项目式学习中的参与度，必须先激活学生以成长、成就、信念、渴望、兴趣为主的内在动机；同时，通过给予认可、鼓励、激励、群体利益等策略，来提升学生学习的外在动机。评价项目式学习参与度的基本问题包括：学生真的希望参加这样的项目式学习吗？他们的迫切程度如何？我们如何激发他们的学习动机以促进他们在整个项目中全身心投入？

[1] 崔允漷、张紫红、郭洪瑞：《溯源与解读：学科实践即学习方式变革的新方向》，载《教育研究》，2021（12）。

[2] 程良宏、赵建梅：《教学的文化实践属性：教学要素的视角》，载《南京师大学报（社会科学版）》，2021（1）。

6. 评价要素六：感知度

感知度关注学生在项目式学习过程中对于学习流程、接触的人员及学习环境等方面的体验。项目任务的价值、学习过程中的仪式和环境氛围，都可能对学习者的感知度产生影响。随着教育评价改革的持续深入，以学习体验为中心的过程性评价已成为课程设计与实施的核心。从教学设计到学习体验设计，项目式学习需要更加关注学习者的学习选择权利，在学习方法、学习进度、学习媒介等方面给予更多个性化的支持。评价感知度的标准包括：第一，学生是否从同理心出发，体现“用户”思维，解决真实问题，从而获得成就感；第二，通过参与项目，学生的社会责任感是否有所提升；第三，通过参与入项活动、项目会议、结项活动等，学生是否体验到学习的仪式感；第四，对比传统的学习活动，项目式学习过程中的学习氛围是否更加浓厚从而深受学生喜爱。

从“三六”标准中可以看出，新课程标准提倡的实践、探究、体验、反思、协作、交流等，贯穿项目式学习的始终。尽管项目式学习对于培育学生的核心素养具有重要的价值，但我们也必须清醒地意识到该种学习模式的潜在问题，如设计过程烦琐、耗费时间精力、知识学习相对零散等。[1] 为此，在开展项目式学习时，应坚持因时、因地制宜的原则。“三六”标准在设计与实施项目式学习及理解项目式学习的本质内涵上，能够给当前的教育实践以启示。

随着评价理念的发展，教学、评价与标准的一致性越发受到重视。在“三六”标准中，关于项目式学习的过程有较为细致、深入的阐述，这对于项目式学习的过程评价具有一定的参考价值。对于学校而言，可以根据“三六”标准进一步细化项目式学习质量评估方案和评价体系，并在教师设计项目之前，将相关标准向教师澄清，以实现“以评促教”的目的。此外，在“三六”标准的设计与实施要素中，所提及的学科融合、搭建支架、建构文化等标准，也需要得到学校层面在组织氛围营造、教研资源引入、项目经费等方面的支持。事实上，项目式学习既受制于环境，同时也能在一定程度上对学校生态和班级形态进行改造和形塑。为了实现特定的项目目标，项目式学习需要促进教师群体间的相互合作及相关资源的有效组织与利用，促进学习者通过真实性学习和拓展性表现来掌握内容领域的知识和技能。

[1] 杨明全:《核心素养时代的项目式学习:内涵重塑与价值重建》,载《课程·教材·教法》,2021(2)。

项目式学习的“三六”标准，旨在通过“全面育人”，实现“育全面发展之人”的根本目标。首先，项目式学习注重课程育人，是一种统整课程与教学的育人模式。其次，项目式学习注重实践育人，强调在实践参与中培养学生核心素养、关键能力、必备品格和价值观念的综合生成。再次，项目式学习注重适性育人，关注学生的个性化与差异化发展。相关研究发现，项目式学习对传统学习中处于不同水平的学生可能具有不同的作用，这也意味着教师可以根据“三六”标准，在项目式学习中为不同类型的学生设计有侧重的个性化学习方案。例如，为中等生提供知识性的练习，增加对优等生的驱动问题挑战性与结果呈现难度等，从而真正实现学生在项目式学习中的个性化发展。[1] 当然，我们也应谨慎地将标准直接应用在学生身上，在为学生的发展设定外在标准时，还需考虑学生会获得的各不相同的发展，包括目标、路径、方式、水平等方面的不同，否则，恐怕学生会被动地成为完成任务的工具人，自由的学习空间将不复存在。[2]

[1] 夏雪梅：《在学科中进行项目化学习：学生视角》，载《全球教育展望》，2019（2）。

[2] 柳夕浪：《“综合素质”与“核心素养”——再谈“培养什么样的人”》，载《华东师范大学学报（教育科学版）》，2017（2）。

中篇
初中历史与项目式学习

Z H O N G

P I A N

从教师的角度讲，项目式学习是一种教学方法；从学生的角度讲，项目式学习是一种学习方式。初中历史项目式学习的开展是当前初中历史教与学方式革新的有效途径，是让学习真正发生、让教师成为学习的引领者的具体行动方案。

项目式学习的实施过程能够有效提升学生的初中历史课程核心素养，也是初中历史教育落实立德树人目标的有效途径，因此在初中历史教学实践中引入项目式学习是非常有实际意义和研究价值的。在当前初中历史课程学习中，发展学生历史课程核心素养是历史课程的目标，也是学生的学习目标。学生通过怎样的学习方式、教师通过怎样的方法引导学生达成这一学习目标，完成历史学习任务，成为初中历史教师在日常教学中积极思考并实践的课题。在教学实践中，教师普遍认为项目式学习的探究性为学生进行主动学习和思考提供了氛围，学生在完成教师设计的探究学习任务的过程中能够主动建构知识体系，完善思维结构，提升思维品质，并且在自主探究、小组合作等多种学习方式的实践过程中与同伴进行思维碰撞和交流，全方位提升历史课程核心素养。在这项教与学的活动中，教师与学生一起持续地探讨一个主题，解决预设的核心问题，形成一定的学习成果，达成预期的学习目标，获得素养的提升，并且能够持续地运用所养成的素养解决新的问题，在学习过程中不断成长。也就是说，项目式学习在教学实践中能够有效地促进学生的学业成长和素养的提升。

越来越多从事教育教学研究的学者认识到，学生的成长离不开主动的学习参与过程，学生素养的提升需要学生进行自主思考、主动建构和综合运用。长期以来，学生在课堂学习中形成了"听"课的习惯，学习的主动性不强，不容易建构起学科核心知识体系、掌握学科方法，这会影响学生个体素养的提升。解决这一教学问题是促进学生全面发展的起点；发挥学生在学习活动中的主体作用，引导学生主动思考，是学生成长的最重要动力。项目式学习在引导学生主动参与学习过程方面具有天然的优势，因为在项目式学习过程中，不同学生根据自己的学习状态主动承担相应的研究任务，也在不擅长的方面得到同伴的示范和启发，这可以增强学生的自信心和不断学习的内在动力。项目式学习能够转变传统的历史课中学生听课、背书、做题等获取知识的方式，让学生在做中学、在学中做，提升其学习活动的主动参与程度，使学习真正发生；能够帮助学生主动建构起历史知识体系，学会对历史概念、现象等进行历史解释，从而逐渐总结出历史发展规律，与历史产生共情。

在项目式学习过程中，教师作用如何得到发挥也是要思考的问题。如何以学生的学习为中心，如何转变教学中以教师讲授为主的教学方式，教师的作用应怎样发挥，教师在学习过程的每个环节应做些什么，都是需要研究的教学问题。在传统的课堂教学中，教师受到多种教学因素的限制，过多地关注历史学科的基础知识与基本内容，在教学任务的设计方面也拘泥于学科之内，这样不仅影响学生整体素养的提升，而且导致教师个体创造性发挥得不够充分，教师没有空间去针对学生具体的学情进行个性化问题的设计。而在项目式学习教与学的诸环节中，教师发挥引领作用，充分发挥创造性：创造性地组织学习资源，创设问题情境；创造性地组织学习主题，制订项目计划；等等。教、学、评的各个环节体现教师对学生学习的指导、引领，体现教师对教学、学习的理解水平，这可以提升教师参与教学改革的积极性和主动性，提升教师的专业素质，丰富教育资源。

一、初中历史课程标准与项目式学习

项目式学习有助于提高学生的自主学习能力和问题解决能力。在项目式学习过程中，学生与教师一起进行项目的设计、实施并完成任务，这就要求学生主动寻找信息、分析问题、提出解决方案。这样的过程有利于学生形成自主学习的习惯，提高他们的学习积极性、主动性，并培养他们独立解决问题的能力。

《义务教育历史课程标准（2022 年版）》在课程理念部分提出：“树立以学生为主体的教学观念，注重学生自主探究的学习活动，鼓励教学方式的创新。”“提倡选择多样化的教学资源，探索多样化的教学方式和方法”。基于这一理念，《义务教育历史课程标准（2022 年版）》明确要求历史课程在总课时中专门规划出 10% 的课时进行跨学科主题学习，并说明了跨学科主题学习活动的目的、方法、内容及设计原则。[1] 还在教学提示中列举了项目式学习可以探讨的若干问题，为教师的教学实践提供了明确翔实的指导。这

[1] 中华人民共和国教育部：《义务教育历史课程标准（2022 年版）》，39 ~ 40 页，北京，北京师范大学出版社，2022。

些理念与教学方法指导为教与学的研究与实践提供了思路。项目式学习强调学生在实践中学习和运用知识，通过完成具体的项目任务来培养历史学科核心素养。可见，《义务教育历史课程标准（2022 年版）》的跨学科主题学习活动设计理念与项目式学习的内涵相一致，可以作为实施项目式学习的基本指南。

“由于强调综合性，项目式学习很容易达到跨学科的学习目的。”“‘项目’是基于特定问题的复杂的学习任务，需要学生开展的活动很多，如设计、问题解决、决策、调查等，让学生有机会运用多学科的知识去解决问题。项目式学习将学习内容设计成可以实施的‘项目’，需要具备学科甚至是跨学科的综合知识，促进了知识的深度融合。”[1]在探索项目式学习如何有效地提升初中历史课程核心素养这一问题的过程中找到契合点，利用项目式学习的实施，将《义务教育历史课程标准（2022 年版）》的内容转化为可执行、可操作的具体方案，为一线教师的教学提供理论指引，并通过教师的实践，进一步丰富相关理论。

（一）初中历史项目式学习的基本要素

初中历史项目式学习明确指向学生历史课程核心素养的提升，指向初中历史的学科价值，《义务教育历史课程标准（2022 年版）》提出的教学理念与教学实践方案为开展项目式学习提供了指导。初中历史项目式学习的教学理念和方式为学生的历史学习提供了全新的视角和体验。它不仅是一种教学方法，更是一种以提升学生历史课程核心素养为目标的教育策略。这种学习方式既体现了初中历史学科的价值，又紧密贴合课程标准提出的教学理念，为教学实践提供了明确的实施路径。初中历史项目式学习具有以下特征。

第一，将学生作为学习主体，从项目的设计到实施都以学生的学习及学生预期的成长为中心，并采用适合初中阶段学生的学习方式，这些学习方式都以能否引导学生积极参与、有效参与为基本选择依据，以确保学生在学习过程中能够保持兴趣和动力，坚持学习活动，从而减少学生在学习过程中的认知障碍。这个过程不仅注重知识的传授，更强调学生的积极参与和有效互动。在整个学习过程中，学生被明确置于学习的主体地

[1] 杨明全:《核心素养时代的项目式学习：内涵重塑与价值重建》，载《课程·教材·教法》，2021(2)。

位，教师的引领作用体现在精心设计项目任务，引导学生通过探究、合作、实践等方式完成学习任务上。学生在项目式学习中需要发挥主动性和创造性，通过查阅资料、分析问题、设计方案等方式完成学习任务。

第二，在项目式学习中，围绕问题的设计至关重要。首先，一个有探究意义的问题能够激发学生的好奇心和求知欲，引导他们深入探究历史事件的来龙去脉，并进行合理推理和解释。教师通过一个既具有开放性又具有一定挑战性的问题引导学生主动思考、合作探究，确保学生在学习过程中始终保持浓厚的兴趣和较强的动机，从而能够持续、有效地进行学习。其次，项目式学习问题设计要合理，符合学生的学习状态，充分考虑学生的认知水平，既有一定的挑战性，也有层次性，这样才能更好地调动学生的积极性，激发学生的创造力。学生在解决问题的过程中不仅能够逐步提升自己的思维能力，还能够循序渐进地养成历史的思维方式和习惯；同时，这种设计也能够保证不同学习程度的学生都可以在项目中找到适合自己的学习路径，从而实现个性化学习。

第三，项目式学习设计的学习目标是历史课程核心素养的提升，因此学习情境的创设、需要调动和运用的知识、解决问题的方法和学科能力都以学科核心知识和关键能力为基础逻辑，通过深入挖掘历史事件的内涵和价值，引导学生运用所学知识和方法去分析问题、解决问题，从而进一步提升历史思维能力和学科素养。在这个过程中，学生不仅能够巩固和拓展历史知识，还能够提升自己的综合能力和素质，进行进一步的建构，获得成长，为未来的学习和生活打下坚实的基础。

初中历史项目式学习以学生主体、问题导向和提升核心素养为基本要素，为学生提供一个全新的历史学习环境。在这一学习环境中，学生不仅能够更深入地了解历史事件的发生发展，还能够提升自己的思维能力和学科素养。这种学习方式的应用与推广能够很好地改善学生在初中历史学习中的迷茫与懈怠状况。同时，教师应不断探索和落实项目式学习的理念和方法，以适应不断变化的教育环境，满足学生发展的需求。

（二）项目式学习是课程素养提升的优选方案

历史课程核心素养是在一个综合的学习过程中逐渐提升的，素养提升过程中的知识是结构化的，能力是多层次的，体验是真实的，学习是主动的，思考是有力度的。在这一过程中，知识的积累不再是零散的、碎片化的，而是逐渐结构化、有序化的，形成一个完整的知识体系；能力的提升也不再是线性的、单一的，而是展现出多层次、多维度的特点。每一次学习的体验都是真实、深刻、富于情感的，学生不是被动地接受知识，而是主动地参与、积极地探索。学生思考的深度与广度也在这个过程中不断拓展，每一次思考都充满了力度，为核心素养的提升注入了源源不断的动力。历史课程核心素养的这一提升过程对当前的教与学都提出了变革要求：一方面要改变教学过程中教师为了达到教学目标而进行的教学设计和采取的实施模式；另一方面要改变学生在教学过程中的被动局面，把学生学习转变为主动思考、体验的过程。项目式学习正是实现这一变革的有效途径。它不仅让学生从被动的学习者转变为积极的参与者，还让教师在教学过程中更加注重学生的个体差异和兴趣特点，从而为学生提供更加个性化的学习指导。这种学习方式 既为学生的发展提供了良好的平台，也为教师的教学提供了有力的支持。恰当的教学方式能够有力地促进教学目标的达成。“实践证明，采用项目式学习方式开展跨学科主题学习的教学，能深深地触动教师和学生的心灵。对教师产生的冲击力，能促进其思考分科教学方式的变革；对学生产生的冲击力，能让他们变被动学习为主动探究，变应对考试为解决问题，深切感受到知识的力量和学习的意义。”[1]

二、初中历史项目式学习规划

初中历史项目式学习可以分为两类。一是充分利用地区历史文化资源进行项目规划。此类项目便于学生参与，可以提升个体与周边环境的融洽度，让学生感受到学习的乐趣，有利于增强学生的历史学习感受，提升学生的家国情怀素养。学生可以主动进行社会调查、参观历史遗迹，通过实践，在唯物史观的指导下进行思考、解释，也可以进行跨学科的联系及拓展。此类项目主题可以被归纳为实践类。二是在日常学习中，教师对课程标准进行深入的研究，将学科核心知识和核心素养作为项目式学习的主题，引导学生建构历史知识体系，加深学生对历史学科核心知识与本质问题的理解以及历史理解

[1] 薛红霞：《跨学科主题学习的内涵、设计与实施》，载《北京教育学院学报》，2024（2）。

与历史认同。此类项目主题可以被归纳为历史学术类。

在对学习过程进行规划时，教师对项目的实施时间、时长、内容、预期成果等相关问题都要进行设计，扮演好指导者这个角色，充分发挥学生的主体作用。教师规划好后，项目内容可以由学生来具体搭建，教师进行宏观指导，引导学生从微观到宏观的设计思路，引领项目内容设计的高度。学生在教师的指导下确定项目的框架结构，同小组成员充分沟通，达成学习上的共识。

（一）确定项目主题的基本依据

初中历史项目式学习的核心在于主题的确定。一个合适的主题不仅能激发学生的学习兴趣，还能引导他们持续深入探究历史问题，提升历史课程素养。在确定项目主题时，教师需要综合考虑多个因素，确保主题的合理性、有效性和深度。初中历史项目式学习主题的确定可以基于学习资源，创设学习情境，解决有意义的现实问题；也可以从多个历史学习单元提炼出值得探讨且有深度的历史或现实问题。主题要统摄多个学科的核心知识，以便学生在探究问题的过程中主动地整合重构学科知识体系，建立起结构化的知识体系，从而解决学生学习过程中知识碎片化、思维浅层化等问题，更好地促进学生历史课程素养的提升。

主题的确定是项目式学习的重要环节，是情境创设、问题设计的基础。在实际教学中，初中历史项目式学习主题的选取可以参考以下四个基本依据。

1. 必要性

主题可以是对学生身边历史遗址遗迹的历史脉络的探讨，也可以是对课堂学习中遇到的相关联的重大历史事件等问题的探讨。这些问题是客观存在的，解决此类问题有利于学生历史课程素养的提升。

2. 可探究

可探究一方面是指学生在主观上有探究的意愿，有主动探究的动机和兴趣，这样能够提升参与的效率；另一方面是指主题具有探究意义和探究价值，主题探究的过程能够激发学生进一步学习的动力，提升其思维能力。

3. 开放性

主题的开放性是多角度的：一是学习环境和学习资源的开放性，学生可以根据自己的已有基础和学习能力做出适合自己的选择；二是学习方式的开放性，学生的学习方式不受限制，学生可以根据自己的学习习惯和学习特点选择学习方式，能够展示学习个性特点；三是学习评价的开放性，制定开放性的学习评价量表，学生在开放性的评价中能够看到自己的成长点，并可依据评价改进学习方式，获得进一步成长。

4. 综合性

主题应当具有综合性，引导学生在历史学科学习过程中综合运用所学知识和学习能力解决问题，为学生改进思维习惯提供学习环境。主题围绕历史学科的核心知识，同时适当关联其他学科知识，且与学生的生活密切相关，指向学生学习中的困惑，因此具有综合性。也就是说，一个好的主题能够统摄多个学科的核心知识，使学生在探究过程中主动整合和重构学科知识体系。通过构建结构化的知识体系，学生可以更好地理解和应用历史知识，避免出现知识碎片化和思维浅层化。

（二）项目主题内容的确定

教师在确定初中历史项目式学习主题内容时，需要综合考虑学习资源、学习情境、现实问题、跨学科视野以及学生实际情况等多个因素，确保主题内容合理、有效且有一定深度。教师通过精心选择和设计项目主题，为学生提供有挑战性、符合学生探究兴趣的历史学习资源，促进学生历史课程素养的提升。

第一，学习资源是项目式学习的基础。根据设计的必要性原则，项目主题内容可以基于教师和学生已有的学习资源来确定，如教材、网络资源以及图书馆、博物馆资源等。教师通过深入挖掘这些资源，找到与课程内容紧密相关、具有探究价值的主题。同时，学习资源的丰富性和易获得性也能为项目的实施提供物质和精神的支持，使学生在学习过程中不仅有更多的素材和参考，还有参与的热情和积极性。

第二，创设学习情境是确定项目主题内容的重要途径。学习情境是指学生在学习过程中所处的环境和背景，它能够影响学生的学习兴趣和动力。通过创设与课程内容相关的情境，引导学生置身于历史，体会历史的温度，感受历史的厚重与魅力。在这样的情境中，学生能够站在历史的角度分析和解释历史，更加深入地理解历史问题，形成自己的见解和观点。

第三，解决有意义的现实问题也是确定项目主题内容的重要方向。历史并不仅是过去的事件和人物，它与现实生活紧密相连。通过引导学生关注现实生活中的历史问题，如文化遗产保护、历史事件的现代影响等，教师可以帮助学生将历史知识与现实世界联系起来，培养他们的历史责任感和使命感。

第四，项目主题内容还可以从多个历史学习单元中提炼。初中历史课程涵盖了多个学习单元，每个单元都有其主题和内容。通过整合这些单元的内容，教师可以提炼出具有深度和广度的项目主题。这样的主题不仅能够涵盖多个学科的核心知识，还能引导学生在探究过程中形成跨学科的视野和思维方式。

第五，项目主题内容的确定还需要考虑学情。学生的认知水平、兴趣爱好和学习需求也会影响主题的选择。主题应符合学生现实的学习意愿，激发学生的学习兴趣，从而使学生在项目实施过程中能够有所收获和成长。

（三）项目主题内容的组织

初中历史项目式学习本质上是一种以学生为中心的教与学方式。学生通过不同途径获得史料（即学习资料），然后进行探究，通过对史料的研读，进入一定时空条件下的历史情境，对历史进行分析、解释，从而实现历史学科素养的提升。项目内容的组织过程是需要时间保证的，项目主题确定后，首先由教师进行相应的内容组织，教师发挥引领作用，帮助学生提升学习效率。学生在完成一个学习项目的过程中要进行大量的史料搜集、阅读及整理等学习活动，在这个过程中，教师指导学生甄别材料、整理组织材料、关注材料与主题的契合度，一一落实学生开展项目式学习的环节，确保学生学习的顺利进行。

1. 准备学习素材

教师依据不同主题，明确学习内容，开展学习素材的准备工作。以“大运河，我来了——积水潭历史探源”项目为例，教师要对教材中有关运河、水利工程的内容进行梳理，整理出基本的知识结构和发展脉络，并建构起相应的时空观念，将这些内容整合于项目式学习中，为学生学习的开展提供历史知识和课程素养的基础。

2. 进行实地走访

教师在明确教材知识的基础上参观相关展览。例如，对于“大运河，我来了——

积水潭历史探源”这个主题，教师可以参观北京郭守敬纪念馆，挖掘纪念馆与教材内容的关联之处，为学生编写实地参观的学习日志框架，为引领学生参观学习制订初步计划。

3. 查阅相关资料

教师充分使用学校、社区的图书馆资源，为指导学生查阅资料做好准备。

4. 设计核心问题

项目式学习要求探究的问题是真实情境中的有深度的问题。这里有两个关键点：一是真实情境，二是有深度。具备这两个关键点的问题来自学生。因此，确定了学习主题之后，教师可以进行一次学情调查，让学生说出对于该主题最想知道的问题或最想研究的问题，然后对学生的问题进行整合提炼。例如，对于“大运河，我来了——积水潭历史探源”这一主题，学生想探究的问题集中在“以今天的水深和水面宽度，积水潭怎样停泊大型船只”“历史上积水潭面积有多大”“元代造船技术达到了什么水平”“元代的水利技术真的这么高超吗”等问题上。回答这些问题需要综合运用数学知识、地理知识、历史知识等。教师可以设计一系列小问题，然后将之整合成综合性的大问题，如“元代水利科技”“中国古代数学发展及特点”“北京的地形地貌”“北京地名的沿革”“马可·波罗记载的元大都的可靠性”等问题群，将这些问题整合成以历史研究为主、其他学科知识为辅的“大运河，我来了——积水潭历史探源”探究性问题。学生要探究大运河和积水潭的关系、元朝运河建设的特点以及积水潭码头何以变成今日的积水潭等问题。

（四）项目主题任务的分解

项目式学习作为一种教学模式，其核心在于创设一个综合的学习情境，以问题为引导，推动学生进行深入的探究学习。在这一过程中，项目主题任务的分解尤为重要，它不仅关系到学生学习的深度和广度，还直接影响学生的学习效果和兴趣。项目式学习环境创设初步完成、问题设计框架基本完整后，教师可以进一步结合学生的学习兴趣、学习能力等诸多因素，对任务进行细致分解。这一步骤的目的是引导学生进行小组合作学习，充分体现项目式学习的开放性。教师通过将探究的内容进行分解，对每个阶段所要完成的任务进行明确划分，使学习内容具有选择性，学习任务和阶段性学习目标清晰明了，这样便于学生把握学习节奏，从而持续保持学习动力和兴趣。

以“大运河，我来了——积水潭历史探源”项目为例，教师可以将其分解为多个具体的学习任务。首先是“运河的历史”，这一任务要求学生深入了解大运河的起源、发展和变迁，探究其在不同历史时期的重要作用。这不仅可以帮助学生理解运河对于中国古代经济文化交流的重要意义，还能培养他们的历史责任感和文化传承意识。其次是“北京的地形地貌”，学生需要研究北京地区的地理环境对运河建设的影响，以及运河如何因地制宜地融入这片土地。这一任务旨在提升学生的地理素养，使他们能够更好地理解人类活动与地理环境之间的相互作用。再次是“元代水利科技”，学生需要探究元朝时期水利科技的发展水平，以及这些科技如何助力运河的建设和维护。通过这一任务，学生可以深刻感受古代中国人民的智慧和创造力，从而增强民族自豪感和文化自信。此外，“元代全国经济的发展情况”也是一个值得深入研究的学习任务，学生需要分析元代的经济状况，探究运河在其中的重要作用。最后是“中国古代数学在水利工程中的运用”，这是一个跨学科的学习任务，学生需要探究古代数学如何助力水利工程的设计和施工，从而理解科学文化在历史中的重要地位。这一任务不仅可以提升学生的科学素养，还能培养他们的创新思维和实践能力。

在项目式学习过程中，学生可以根据自己的研究兴趣进行分组，按照小组的研究进展情况写出研究报告。虽然学生的研究主题不同，但研究方式基本相同。他们都需要通过参观、查阅资料来整理并提取有效信息，形成自己的历史结论和认识。这个学习过程都是在唯物史观的指导下进行的，旨在让学生认识中华优秀传统文化源远流长、不断传承发展的历程。通过这样的项目式学习，学生不仅能够深入探究历史知识，还能在小组合作中培养团队协作能力、沟通能力和问题解决能力。

（五）项目式学习的教学过程规划

做好项目式学习的教学过程规划可以帮助学生更好地进行项目式学习，有效提升学生的历史课程核心素养。教师需要关注学习过程的几个关键逻辑，并提前进行教学逻辑结构的预构建。这不仅有助于教师更好地指导学生学习，还能帮助学生形成整体性思维，提升解决问题的能力。下面从宏观知识体系的逻辑结构、主题与问题之间的逻辑关系以及教学过程规划的具体步骤三个方面进行说明。

1. 明确宏观知识体系的逻辑结构是项目式学习的基础

项目式学习强调知识的整体性和综合运用，因此在进行教学设计时，教师必须先构建宏观知识体系。

教师要进行充分的知识储备，包括可能用到的知识和即将构建的更丰富的框架所需要的知识，并明确知识之间的逻辑关系。这样，教师在指导学生学习时就能有针对性地帮助他们理解知识之间的联系，学生也能在学习过程中有意识地主动明晰逻辑关系，从而建立起结构化的知识体系。

2. 明确主题与问题之间的逻辑关系是项目式学习的关键

在项目式学习中，每个小问题的解决都与大问题密切相关，大问题又紧密围绕主题展开。因此，教师需要形成问题解决的思维路径，真正解决学生学习的碎片化问题，为整体性思维的形成打好基础。以“大运河，我来了——积水潭历史探源”项目为例，教师需要明确其主题整体立意是“积水潭码头的历史变迁反映出的中华优秀传统文化”。从这个整体立意出发，教师需要做出整体规划，将项目拆分成具体的任务，并在每个任务中设计学科问题或活动。这样，学生在探究学习的过程中就能逐步深入理解主题，形成对整体问题的全面认识。

3. 教学过程规划的具体步骤

第一步，确定项目主题，明确探究目标。这有助于为整个项目式学习定下基调，确保学生的学习活动始终围绕主题展开。第二步，围绕主题立意，拆分整体问题。将大问题拆分成若干个小问题或任务，让学生逐步深入探究，降低学习难度。第三步，进入学习情境，开展学习活动。教师可以通过创设学习情境、提供学习资源等方式，引导学生进入学习状态，开展各种形式的探究活动。第四步，完成小组探究任务。学生可以在小组内分工合作，共同解决问题，完成探究任务。第五步，进行作品展示及成果评价。学生可以将自己的探究成果进行展示，教师和其他同学可以进行评价和反馈，从而帮助学生更好地总结学习经验，提升学习效果。

例如，“大运河，我来了——积水潭历史探源”项目涉及中国古代数学的特点、中国古代经典数学原理、北京的地形地貌、运河的历史、重要历史人物在历史中的作用等多学科的知识。具体流程可以表述为：确定主题→设计整体问题，明确探究目标→围绕主题立意，拆分整体问题→进入学习情境，开展学习活动→完成小组探究任务→进行作品展示及成果评价。具体可以设计以下学习活动：首先，通过讲述大运河的历史背景和积水潭的地理位置，引导学生进入学习情境；其次，组织学生分组进行资料搜集、实地考察等活动，探究积水潭码头的历史变迁及其与中华优秀传统文化的联系；再次，各小组展示自己的探究成果，进行交流和讨论；最后，教师进行总结和评价，帮助学生巩固所学知识并提升历史课程素养。

项目式学习的教学过程规划是一个动态的过程，教师需要根据学生的学习情况和反馈进行及时调整和优化。教师还需要关注学生的学习状态和情感变化，及时给予指导和鼓励，帮助他们克服学习中的困难。

三、历史学科项目式学习实施

根据《义务教育历史课程标准（2022 年版）》，可以将跨学科主题学习理解为：“围绕一个基于历史课程内容的跨学科主题，学生运用多学科的知识与技能多角度进行综合认知和解决问题的学习活动。”[1] 项目式学习过程是：教师通过学习情境的创设提出核心问题，设置中心任务进行探究，以激发学生的学习兴趣，调动学生学习的积极性；学生通过查阅资料、思考分析、动手创作获得项目成果。这一系列的教与学活动有助于学生在项目式学习探究活动中提升核心素养，能够促进学生全面发展。围绕某一研究主题开展深入探究、解决问题的综合实践活动与项目式学习有共通之处。

（一）常规课堂教学项目式学习的实施

常规初中历史课堂教学中的项目式学习也被称为学术性项目式学习，是教师在深入理解课程标准理念的基础上，对教材和相关的学习资源进行深入研究，为帮助学生构建

[1] 徐蓝、马敏：《义务教育历史课程标准（2022 年版）解读》，196 页，北京，北京师范大学出版社，2022。

结构化的知识系统，将系列的核心知识归纳整理为一个核心概念，以这个核心概念为中心，提取核心问题，层层解析，逐级构建，从而引导学生明晰历史解释的思路，得出对历史的规律性认识。这个学习过程是学生主动构建的过程。学生通过参与相关项目式学习活动，增强学习过程的体验，感受历史的变迁，将知识、方法、情感融汇于学习过程之中。活动过程也重视学生的内心体验，让学生在特定的历史时空中感受历史的温度。

在项目实施过程中，教师要引导学生重现知识的建构过程，综合应用已有知识，感受自己是学习的创造者而不只是复述知识的被动角色，从而产生积极的情绪体验，继而产生创造知识的自信心和使命感，体会到自己不是单纯的知识接受者和旁观者，而是知识的创造者和探索者。学生感受到知识的价值，体验掌握知识的喜悦情绪，从而更加积极地参与接下来的学习过程，完成项目目标。这一学习过程与项目式学习的目标是一致的。项目式学习的目标是改变初中历史教与学的方式，丰富历史课程资源，让学生的学习真正发生。学生在项目式学习过程中不是为了记忆而学习，而是在学习过程中理解历史、认识历史，并对历史产生认同感，得出历史结论，加深对历史的认识和感悟。

为了实现初中历史项目式学习的学习目标，教师需要精心设计项目式学习的每一个环节，确保学生能够充分参与，从中获得积极的学习体验。教师在实施初中历史项目式学习时要注意以下四点。

1. 在设计项目式学习时，必须将学生始终置于学习的中心地位

整个设计要根据学生的实际水平和发展需求，制定具体、明确的学习目标和学习重点；同时关注学生在该项目式学习中历史素养方面的提升。为了达到这一目标，教师需要深入了解学生的兴趣、爱好和学习特点，设计符合他们认知规律的学习活动。例如，有的学生善于阅读，有的学生善于口头表达，有的学生善于归纳概括，教师在进行项目式学习设计时不仅要发掘和利用学生的优势，而且要寻找契机补上学生的短板，创造学生全面发展的条件。

2. 要充分利用统编版教材等现有的学习资源

教材是学生学习历史的基础，包含了丰富的历史知识和信息，可读性很强。在项目式学习过程中，教师可以引导学生对教材内容进行深入挖掘和重新组织，通过历史问题探究，培养学生的历史探究能力和创新思维。同时，教师还可以结合教材中的素材，设

计有趣的学习任务，激发学生的学习兴趣和积极性。例如，可以让学生分组研究某个历史时期的重大事件或历史人物，通过搜集资料、整理信息、撰写报告等方式展示学习成果。

3. 在问题设计方面，需要注重问题的层次性、渐进性以及解决问题的明确的方法路径

问题的层次性可以帮助学生由浅入深逐步掌握历史知识；问题的渐进性可以引导学生逐步深入思考，培养他们的历史思维能力；明确的方法路径可以让学生在解决问题的过程中学会解决问题的方法。例如，教师可以设计一系列与某个历史事件相关的问题，从简单的事实性问题开始，逐渐过渡到解释性问题，让学生在解决问题的过程中逐步提升学习能力。

4. 在项目式学习过程中加强形成性评价，发挥评价在学习中的导向作用

形成性评价可以帮助学生及时了解自己的学习状况，发现存在的问题并改进。教师还可以通过评价了解学生的学习进度和困难，为他们提供及时的指导和帮助。在评价过程中，教师要设计合理的评价量表，明确评价标准和要求，并在项目式学习开始时交给学生。这样，学生在学习过程中就能有明确的目标和方向，为获得更好的学习效果而努力。

（二）综合实践活动项目式学习的实施

综合实践活动项目式学习内容灵活，学习环境开放，为学生核心素养的提升开拓更广阔的空间，也为教师组织此类活动提供较大的创造空间。教师在实施此类项目时，为避免庞杂的学习素材的堆积，影响主题的突出，可采用成果导向的方式构建项目支架。具体思维路径可以表述为：现阶段学生的发展需求→现阶段学生的学情→学生学习的普遍特点→提出学生阶段性发展目标→提出为完成这一目标要解决的问题→提供学习素材→搜集素材的途径。这样师生就能利用现有的条件创造性地提出问题并解决问题，获得提升和发展。教师在开展综合实践活动项目式学习时应关注以下三个方面的问题。

1. 问题情境的真实性

客观存在的历史遗址遗迹是开展综合实践活动的最佳场所，因为此类场所具有真实性，这与项目式学习解决真实问题的需要是非常一致的。历史最突出的特点是一过性，

不可重复，可能使历史学科问题探究者产生不真实的感觉。而历史遗存是真实的，学生可以根据自己的知识和方法进行解读，这便拉近了历史与现实的距离，增强代入感，开启对真实问题的探究。学生可以自主提出问题，解释问题，得出自己的结论，这种学习的体验感是无法通过学习书本知识获得的。

2. 生成性问题的整理

在常规的课堂学习中，教材中有现成的结论，教师提出现成的问题。课堂学习时间有限，学生的思考时间不充分，因此课堂上有价值的生成性问题不多。与常规课堂学习不同，综合实践活动项目式学习因为场景的真实性，学生能够自主地在探究过程中发现问题、提出问题并解决问题。学生提出问题的角度更加丰富，能够激发学生积极思考。除了教师预设的问题，学生还有很多问题要问；即使是教师预设的问题，学生的答案也变得丰富多彩。教师在引导学生的过程中要注意捕捉这些生成性问题和丰富的答案，并加以整理，从中发现学生的思维特点，在指导学生的学习时更有针对性，从而提高学生的学习效率。

3. 作品形式的多样性

在初中历史项目式学习中，作品形式的多样性是其特点，它充分体现了开放性学习环境的优势，并为学生提供广阔的创新空间。在这样的学习环境中，教师不再局限于传统的作业形式，而是鼓励学生发挥创造力，以多种方式展示自己的学习成果。在创作作品的过程中，学生需要综合运用所学知识，进行独立思考和创新实践。在指导学生创作作品时，教师允许学生选择适合自己的形式，无论是文字报告，还是视频解说、展览展示，都可以是表达学习成果的方式；通过多样的作品创作，学生可以更深入地理解历史事件和人物，更全面地掌握历史知识，从而提升自己的历史素养和综合能力。多样的作品形式不仅可以更好地展示学生的学习成果，还可以激发他们的创造性和创新精神。

作品形式的多样性体现了教师对学生个体差异的尊重和对开放性学习环境的创设。教师在指导过程中注重激发学生的内在动力，鼓励他们发挥想象力和创造力，以自己喜欢的方式呈现学习成果。这种开放、包容的学习氛围为学生提供了宽松、自由的学习环境，有助于培养他们的自主学习能力和创新精神。

四、初中历史项目式学习评价

“历史课程的评价主要是评价学生在学习过程中表现出的核心素养水平，并用评价结果改进教师的教学行为和学生的学习方式，使教、学、评相互促进，共同服务于学生核心素养的发展。”[1] 在学习过程中，实现教、学、评一体化是教师教学引领作用发挥和学生自主学习能力提升的重要保障。在项目式学习的过程中，教学、评价与学习活动建立起一致性关系，教师和学生都成为教学评价的主体，都参与学习过程，学生真正成为课堂的中心，成为课堂教学的主体。一方面，教师可以快速反馈学生的学习状况，引领学生学习的改进；另一方面，学生真实学习情况的及时反馈让教师能够及时开展有针对性的指导，调整学习的方向和状态。例如，在师生互动交流的过程中，学生发现自己学习中的优点与不足，迅速调整阅读和思考的方向，实现素养的提升；学生在彼此的探讨交流中，捕捉到对方理解和思考的优势，迅速弥补自己的不足，以获得素养的提升。在这一教、学、评的过程中，教师和学生的共同参与不仅体现出评价主体的多元，而且体现出评价对教与学的迅速改进所起到的作用。这也正是学生获得学科通用方法、学科思维和学科认识的过程。学生积极参与，开展高质量的学习，用思考代替机械训练，实现真正的学习。

（一）评价类型

初中历史项目式学习着力发展学生在真实情境中解决问题的能力，学生运用已有知识和经验持续探究项目任务中有意义的问题，在探究中逐渐丰富并建构新的知识体系和思维路径，而不局限于碎片化知识的习得。项目式学习通过创设真实情境，提出问题并让学生解决问题，鼓励学生在学习过程中积极参与、主动思考，养成主动建构思维体系和知识体系的学习习惯，促进学生核心素养的提升。根据评价在课堂学习过程中的时间节点与发挥作用的不同，初中历史项目式学习评价主要分为形成性评价和终结性评价两种类型。

[1] 中华人民共和国教育部：《义务教育历史课程标准（2022 年版）》，61 页，北京，北京师范大学出版社，2022。

1. 形成性评价

形成性评价是指在项目推进过程中为改进学生的学习过程、调整教师的教学方案而进行的评价，是在项目式学习问题解决过程中的各个阶段进行的，能够观察学生每个阶段的思维路径特点。初中历史项目式学习方式强调以问题探究为核心，综合运用所学知识，在真实的情境中开展学习活动。一个学习项目完成的时间较传统的课时教学更长，因此过程中的指导和调整就更为重要。在学习过程中及时进行评价能够推动学习过程深度开展。形成性评价在学习任务的进行中对每个阶段的学习状况进行测评，对教师的引领与学生的学习进行及时反馈。形成性评价可以更好地反映学生在问题探究中的表现，教师及时掌握学生的学习状况，根据学生的表现情况进行有针对性的指导，明确学生在该学习任务中做得如何、怎样才能做得更好等问题，可以帮助学生达到更好的学习效果，从而更好地促进教、学、评一体化发展。

2. 终结性评价

终结性评价是对学生项目作品质量进行的结论性评价，评价目的在于通过评定学生的项目作品来测量学生在项目式学习后获得的素养发展水平。终结性评价的主体要多元，进行多主体评价，通过终结性评价反思教与学的成绩与不足，从而获得每个学段不间断的成长。参与评价活动的有学生、教师，也可以有学生家长等与学生发展相关的人员，特别是学生个人要对作品有整体的评价。应重视教学评价主体的多元性，发挥不同教学评价主体的作用，形成多角度的评价机制，进而促使学生通过项目式学习获得成长。教师也通过终结性评价反思结果与过程之间的关系，为下一个项目的设计与实施积累实践经验。

（二）评价介质

评价的依据既可以是外显的，如学习态度、不同阶段的学习成果，也可以是内隐的，如口头表达能力等。这些都通过某种介质实现师生之间、生生之间的交流。项目式学习的评价介质有学习日志、学案、作品等形式。

1. 学习日志

学习日志是初中历史项目式学习中重要的评价介质之一。它不仅能帮助教师了解学生学习的进行状况，还能激发学生的学习兴趣和自主意识。教师应关注学习日志的运用和完善，以更好地促进学生的学习和发展。学习日志可以贯穿项目式学习全过程，记录每天对项目的思考、项目的进展情况。通过学习日志，教师可以清晰地看到学生在项目式学习过程中的思维轨迹、阶段性进步以及遇到的障碍。这为教师提供了宝贵的反馈信息，使教师能够及时了解学生的学习状况，并做出相应的教学调整。

学习日志与常规的日记或日志有所不同，它是教学过程中的一部分，是教学延伸的重要体现。学习日志的撰写有助于学生记录思维过程，运用并巩固所学知识，同时也能进一步展现学习过程的即时状态，为教师评价和指导提供依据。学习日志的运用可以有效地激发学生的自主学习意识，使学生成为主动的学习者。他们会在撰写日志的过程中积极思考、整理知识，从而拓展学习的无限可能，提升学习质量和能力。

2. 学案

初中历史项目式学习学案是为培养学生的自主学习、合作学习和创新思维能力，提高学生的历史素养和综合能力而设计的。通过参与项目式学习，学生更深入地了解历史的发展脉络和文化内涵。学案为初中历史项目式学习提供具体的指导和支持，帮助学生更好地完成学习任务、实现学习目标，确保项目式学习的顺利进行并取得实效。学案可以为学生制定明确的学习目标，明确学习内容和任务，如本次项目式学习的主题是什么、围绕这一主题采用的学习方式是什么等。学案还要明确学习步骤，便于学生随时关注个体学习与团队学习的进度与节奏。学案是纸笔测验的重要组成部分，可以是形成性评价的重要环节，也可以作为终结性评价的依据。

3. 作品

初中历史项目式学习作为一种创新的学习方法，不仅要求学生掌握扎实的历史知识，还强调现场学习和亲身体验。这种学习方法让学生在实践中深化对历史的理解，提升综合能力。作品可以充分体现学生个人的特点，不拘一格。

学生通过项目式学习作品展现自己的学习成果。作品的创作需要学生积极开展资料搜集和实地考察：利用图书馆、网络等资源，广泛搜集相关历史文献和资料，进行深入的分析和解读；同时进行实地考察，通过参观历史遗迹、博物馆等，亲身感受历史的厚重和魅力，在此基础上进行知识的重构和外显。学生作品就是研究成果的多种形式呈现，可以是研究报告，详细阐述研究过程和结论；也可以是展板或视频，生动展示研究成果；还可以是展览或演讲，向他人介绍项目内容。这些实践成果可以充分展示学生的研究能力和创新精神，这些作品通常作为终结性评价的依据。

（三）评价量表的制定

量表作为最经常使用的评价工具，在项目式学习中的作用不容忽视。它不仅是衡量学生学习成果的标准，更是引导学生深入学习的指南，其与学习、教学的适切程度对教学评价效果产生直接的影响。项目式学习评价标准的制定需要依据学情，在符合课程标准要求的基础上制作出具体、容易理解、可操作的量表。评价量表作为项目式学习的重要评价工具，其使用对于形成性评价的实施成效具有直接且深远的影响。认识到评价量表在项目式学习中的作用是项目式学习获得预期成效的基本保障。评价量表的作用可以从以下四个方面进行认识。一是评价量表的制定应紧密结合项目式学习的目标和要求，确保评价的准确性和公正性。通过明确评价标准和指标，评价量表能够帮助学生清楚自己的学习目标和方向，从而有针对性地开展学习活动。二是评价量表的使用有助于形成性评价的实施。形成性评价强调在学习过程中进行持续的反馈和调整，评价量表可为这一过程提供有力的支持。通过定期使用评价量表对学生的学习进行评估，教师可以及时了解学生的学习进度和存在的问题，从而调整教学策略，帮助学生更好地完成学习任务。三是评价量表还能促进学生的自主学习和反思。学生在使用评价量表进行自我评估时，需要对自己的学习成果进行客观的分析和判断，这有助于培养他们的自我认知和自我管理能力。同时，通过反思自己在评价量表中的表现，学生可以找出自己的不足并制订改进计划，从而不断提高自己的学习能力。四是评价量表的使用也有助于提升教学质量。通过对学生学习成果的评价和反馈，教师可以了解学习效果，总结经验，进一步优化项目式学习的各个环节。

1. 形成性评价量表

评价量表即评分规则，它是一种真实的评价工具，是对学生的作品、成果、成长记录袋或表现进行评价或等级评定的一套标准。只有科学制定、合理使用评价量表，才能确保形成性评价的实施成效，推动项目式学习的深入发展。教师利用评价量表对学生学习进行评价时，不能只关注学生行为表现的结果，而应关注其行为在任务活动中的完整学习过程。形成性评价指标与项目式学习目标的匹配度可以更加有效地检测目标的达成度。这就要求形成性评价中不同等级的标准制定要具体，具体的评价量表使学生认识到任务与现实、学科的相关性是创设形成性评价任务的关键之一，从而激发学生对学科或实际生活中重要问题的思考与探究。作为学习方式的一种新样态，项目式学习强调学生的问题解决能力、创造性、合作与交往、审辨思维、设计思维等素养的培养。[1]

一般来说，初中历史项目式学习形成性评价量表根据评价主体可以分为学生自我评价、教师评价、学生互评等形式。例如，表 2-1 就是从学生自我评价的角度设计的，侧重于学生在学习过程中的自我激励。

表 2–1　初中历史项目式学习形成性评价量表

评价内容	评价标准				评价结果与说明
	卓越	优秀	良好	合格	
活动参与的主观态度	主动参与项目式学习的规划、设计、实施。	主动参与项目式学习的一个或几个环节。	在团队的帮助下，参与项目式学习的一个或几个环节。	主动意愿不强，参加活动时不积极，不主动完成任务。	
	学习过程中主动帮助他人，主动高质量完成探究任务，有满意的作品。	学习过程中主动帮助他人，能够完成预期探究任务，有满意的作品。	在团队成员的帮助下完成作品，学习过程中能够接受团队的帮助。	任务完成中有缺席情况，不主动完成作品。	
探究过程的协作情况	在团队中分享个人观点。	在团队中分享一些个人观点。	在团队中分享少量个人观点。	没有在团队中分享个人观点。	
	很好地吸纳团队成员的合理建议。	能够吸纳团队成员的一些合理建议。	能够吸纳团队成员的少量合理建议。	没有吸纳团队成员的合理建议。	
学习过程的发展状况	很好地运用所学知识综合解决问题。	能够运用所学知识综合解决问题。	能够运用一些所学知识解决问题。	运用所学知识不够充分，仅解决了部分问题。	

[1] 桑国元：《教师如何理解项目式学习的内涵》，载《教师教育论坛》，2022（10）。

从评价内容来分，可以对学生的学习方法改进、问题解决能力发展、合作交流能力等进行多维度的评价。对学习方法改进的评价可侧重于学生对学科学习方法的掌握情况，以及学生能否灵活运用这些方法解决问题。对问题解决能力的评价可侧重于学生能否独立思考，能否提出解决新问题的有效方案并在学习中落实这一方案。在项目式学习中，学生的学习参与情况始终是需要教师关注的，教师可以重点关注学生在团队中能否积极参与问题讨论并乐于分享个人观点，能否与他人有效合作等。

总之，影响形成性评价的因素很多，如评价主体的多元性、评价维度的灵活性等，因此量表在制作时可以根据项目的特点进行调整。

2. 终结性评价

经过了一段时间的深入探索与实践，初中历史项目式学习作品即将产出，这时就可以进行终结性评价。这一评价不仅是对学生学习成果的检验，更是对整个项目式学习过程的回顾与总结。

在终结性评价中，首先要关注的是学生对相关历史知识的掌握和运用情况。通过项目式学习，学生围绕特定的历史主题进行了深入的探究，丰富了历史知识，也提升了学科素养。在评价时，教师可采用开放式论文撰写、板报制作等形式来评价学生的学习成果。开放式作品评价是对学生在项目式学习中的综合能力的评价，包括学生的研究能力、合作能力、创新能力及问题解决能力等。教师通过评价学生的研究报告、成果等，能够比较全面地了解学生在项目式学习中的实际表现。在终结性评价中，教师也可以了解学生在项目式学习中的情感体验和价值观变化。通过评价，教师能够更好地总结项目式学习的经验。

在开展项目式学习的过程中，设计、实施和评价之间并非割裂的关系，而是环环相扣、循环往复的。换言之，评价并不意味着项目式学习的结束，而是通过评价，对项目式学习的设计与实施进行迭代和更新。[1]

初中历史项目式学习中，通过特定历史主题的研究与探索，学生不仅深化了对历史知识的理解和记忆，更在自主学习、合作学习和实践探究的过程中锻炼了各项综合能

[1] 桑国元、叶碧欣、黄嘉莉等：《构建指向中国学生发展核心素养的项目式学习标准模型》，载《中国远程教育》，2023（6）。

力。通过完成组建学习小组、确定研究任务、搜集与整理资料、撰写研究报告以及制作作品等一系列任务，学生不仅提升了自身的历史素养，还学会了在团队中协作、有效地沟通和表达，以及面对问题并寻找解决方案。

在学习过程中，教师通过形成性评价和终结性评价相结合的方式，全面评估学生的学习成果，并给予及时的指导和反馈，使学习链条完整。初中历史项目式学习不仅是对历史知识的深入学习，更是对学生综合能力的全面提升。

以上阐述明确了初中历史项目式学习的开展不仅能够有效改变传统的初中历史教学方式，而且让学习变得真实且有深度，教师角色发生转换，成为学生学习的引领者。作为一种学习方式，它以项目为载体，让学生在实践中围绕学习主题探索、发现、解决问题，从而培养他们的创新精神和实践能力。在项目式学习的实施过程中，学生能够更深入地理解历史知识，主动建构知识体系，加深对历史的理解，从而提升历史学科核心素养。学生通过主动参与、积极探究，不仅掌握了历史知识，更学会了运用这些知识去分析、解决新问题。同时，项目式学习还会促进学生之间的合作与交流，提升其团队合作能力。在这项教与学活动中，教师与学生共同探索、解决问题，形成学习成果，达成学习目标。可以说，项目式学习在实践中有效地促进了学生成长，为初中历史教学注入了新的活力。初中历史项目式学习的开展是一项富有创新性和实际意义的教学实践，它不仅改变了传统的教学方式和学习方式，还为学生提供了更广阔的学习空间和更多的学习机会。

下篇
初中历史项目式学习案例

X I A

P I A N

设计案例

案例 1　千里走三国——四川三国研学线路设计

饶振宇
四川省成都市石室天府中学

一、项目简介

广义上的三国时期，风云激荡、革故鼎新，英雄辈出、善谋图强，在中华文明史上留下了浓墨重彩的一笔。三国文化是华夏文明的血脉传承和共同记忆，是中华传统文化的重要组成部分，至今仍深刻地影响着中国人的精神世界。四川是三国蜀汉文化的发源地，据不完全统计，境内的三国文化遗存多达 200 余处。本项目旨在通过设计一个主题为“千里走三国”的四川三国研学线路，寻踪三国往事，考察三国胜迹，传承三国文化，使七年级学生深入了解三国时期的历史文化、地理环境、人物事迹等。通过自主探究、团队合作的方式，进行资料搜集、小组讨论、方案设计等实践活动，培养学生的历史探究能力、地理空间意识、团队合作能力与创新精神。本项目以历史学科为主，兼顾地理、语文、美术学科知识，让学生在实践中学习，感受三国历史文化的魅力，提高综合素养。本项目信息见表 3-1-1。

表 3-1-1　项目信息卡

基本信息	项目名称	千里走三国——四川三国研学线路设计
基本信息	项目持续时间	2023 年 10 月 9 日—12 月 3 日（8 周）
基本信息	核心驱动问题	如何设计一条既符合历史实际又有趣味性的“千里走三国”研学线路？
基本信息	学科	历史、地理、语文、美术
学生团队	项目年级	七年级
学生团队	实施团队	七年级 1 班
学生团队	参与人数	30 人
指导团队	项目设计	饶振宇
指导团队	指导教师	饶振宇、杨羽、徐祥金

二、项目依据

（一）现实依据

随着教育改革的深入，项目式学习逐渐成为培养学生综合能力的重要途径。通过研学活动，学生可以将课堂所学知识应用于实际情境中，提高学习的趣味性和实效性。同时，三国时期的历史文化在中国乃至世界范围内都具有深厚的影响力和广泛的认知度，对于培养学生的历史素养和爱国情怀具有重要意义。

（二）课标依据

根据《义务教育历史课程标准（2022年版）》，七年级学生应了解三国时期的基本历史脉络和主要事件，理解历史人物在历史进程中的作用，同时培养历史时空观念、史料实证能力和历史解释能力。本项目符合课标要求，能够帮助学生实现学习目标。本项目也体现了《义务教育语文课程标准（2022年版）》的要求，引导学生感受优秀文明成果，并培养学生运用语言文字在具体情境中进行有效沟通交流的能力。同时，结合《义务教育地理课程标准（2022年版）》的要求，引导学生立足家乡，建立地理空间概念，并从多种地理要素的相互联系及时空变化的角度树立人地协调观。同时，项目也融合了《义务教育艺术课程标准（2022年版）》中鼓励学生运用多学科知识进行艺术创新，提升学生创新意识、艺术实践能力和创造能力的理念。

（三）教材依据

本项目结合《中国历史》七年级上册第16课“三国鼎立”的内容进行拓展，选取四川境内三国时期的重要历史事件（刘备入四川建立蜀汉、诸葛亮北伐等）、历史人物（刘备、诸葛亮、张飞等）和地理区域（主要包括成都、德阳、阆中和广元等地）进行深入研究。

三、教学目标

（一）学科学业目标

（1）掌握三国时期的基本历史脉络和主要事件。知道官渡之战、赤壁之战等重要历史事件的发生、发展和影响。能够梳理出三国时期的基本历史脉络，理解魏、蜀、吴三国鼎立的形成和演变过程。

（2）理解历史人物在历史进程中的作用。通过分析三国时期的重要历史人物（如曹操、刘备、孙权、诸葛亮等），了解他们在历史进程中的决策、行动和影响，理解历史人物与历史事件之间的相互作用。能够评价历史人物在三国历史中的地位和作用，并阐述自己的观点。

（3）提升历史时空观念和史料实证能力。建立起对三国时期历史时空的准确认识，包括地理位置、政治势力分布、主要城市等。学会运用史料进行实证分析，通过查找、筛选、分析历史文献和考古资料，验证历史事件的真实性和可信度。

（4）形成历史解释能力和批判性思维。能够运用所学知识，对三国时期的历史现象进行合理解释，阐述历史事件之间的因果关系。初步形成批判性思维，对历史事件和人物进行多角度、多层面的评价和分析，提出自己的独立见解。

（二）核心素养目标

（1）增强自主学习能力和团队合作精神。在学习三国历史的过程中，学会自主查找资料、整理信息、提出问题、解决问题，提高自主学习能力。通过小组合作完成研学线路设计方案等任务，增强团队合作精神和沟通协调能力。

（2）提升地理空间感知能力和规划能力。通过学习三国时期的地理分布、城市布局等，提升地理空间感知能力。在设计“千里走三国”研学线路中，学会合理规划行程、安排时间、选择交通方式等，提升规划能力。

（3）提升创新思维能力和问题解决能力。在教师的鼓励下，能够提出新颖的观点和见解，提升创新思维能力。在完成研学线路设计方案等任务时，学会发现问题、分析问题、解决问题，提升问题解决能力。

（4）增强文化自信和民族自豪感。通过学习三国历史，了解中华文明的深厚底蕴和辉煌成就，增强文化自信。通过学习三国时期的英雄人物和伟大事迹，感受中华民族的勇敢、智慧和坚韧不拔的精神，增强民族自豪感。

（三）项目成果目标

（1）完成一份详细的“千里走三国”研学线路设计方案。综合考虑历史、地理、文化等因素，设计出一条既符合历史实际又有趣味性的“千里走三国”研学线路。

（2）制作一份精美的研学线路地图。运用所学语文、地理、美术知识，绘制出准确的研学线路地图。

（3）进行成果展示。向教师和同学展示研学线路设计成果。

（4）制作宣传册。发挥创新思维，制作出精美、有吸引力的宣传册。

（5）撰写反思日志。在项目过程中撰写反思日志，记录成长和收获，提出改进计划。

四、驱动问题

本项目的核心驱动问题为“如何设计一条既符合历史实际又有趣味性的‘千里走三国’研学线路”，具体分解见表 3-1-2。

表 3-1-2　驱动问题及成果

核心驱动问题	分解驱动问题	阶段任务	阶段成果	最终成果
如何设计一条既符合历史实际又有趣味性的“千里走三国”研学线路?	如何确定研学线路的主题和重点？需要考虑哪些历史事件和人物?	阶段任务 1：搜集资料，了解三国历史。通过图书馆、网络等渠道搜集三国历史的相关资料，整理成三国历史资料汇编，作为后续设计的基础。	四川境内的三国历史资料汇编	1.“千里走三国”研学线路设计方案 2. 宣传海报或视频 3. 研学线路设计成果展示会

续表

核心驱动问题	分解驱动问题	阶段任务	阶段成果	最终成果
	如何分析三国时期的地理环境特点？如何选择具有代表性的研学站点？	阶段任务 2：分析地理环境，确定研学站点。根据三国时期的地理环境特点，结合历史事件和人物，选择具有代表性的研学站点，并绘制研学站点分布图。	研学站点分布图	
	如何设计研学活动的具体内容和形式？如何确保活动的趣味性和实效性？	阶段任务 3：设计研学活动，制定活动方案，制作宣传册。根据研学站点的特点和学生的兴趣爱好，设计具有趣味性和实效性的研学活动，并制定详细的活动方案。根据活动方案，制作出精美、有吸引力的宣传册。	研学活动方案、研学宣传册	
	如何制定研学线路的安全和应急预案？如何确保活动顺利进行？	阶段任务 4：完善研学线路，制定安全和应急预案。根据活动方案和实际情况，完善研学线路设计，并制定详细的安全和应急预案，确保活动顺利进行。	安全和应急预案文本	
	如何策划一次有效的研学线路设计成果展示？	阶段任务 5：成果展示。讨论采用哪种方式展示研学线路设计成果；制定展示策划方案，组织协调、宣传推广成果展示内容。	研学线路成果展示会或成果展板	

五、项目实施

本项目具体实施流程设计见表 3-1-3。

表 3-1-3　项目实施流程设计

<table>
<tr><td rowspan="2">入项活动：
三国文化讲座和家乡三国遗迹实地考察</td><td>时间</td><td>2023 年 10 月 9 日—10 月 14 日（1 周）</td><td>地点</td><td>班级教室、家乡三国遗迹</td></tr>
<tr><td>教学流程和环节</td><td colspan="3">1. 项目启动会议
教师组织召开项目启动会议，介绍项目的背景、目标、时间表和预期成果，让学生了解项目的整体框架和重要性，明确自己在项目中的职责和任务。
2. 三国历史文化讲座
教师邀请三国历史文化专家开讲座，介绍三国时期的主要人物、重要事件等，重点介绍与蜀汉政权有关、发生在四川境内的内容。通过讲座，让学生对三国历史文化有一个全面的了解和认识，为后续线路设计提供背景知识支持。
3. 实地考察与调研
学生在教师的组织下前往三国历史文化遗址进行实地考察，如成都武侯祠、德阳白马关、广元剑门关和昭化古城等。在实地考察中，观察遗址的现状、了解历史背景、搜集相关资料，并记录下自己的感受和想法。</td></tr>
<tr><td rowspan="2">阶段任务 1：
搜集资料，了解三国历史</td><td>时间</td><td>2023 年 10 月 15 日—10 月 28 日（2 周）</td><td>地点</td><td>班级教室、网络教室、图书馆</td></tr>
<tr><td>教学流程和环节</td><td colspan="3">1. 教师引入
介绍三国历史学习的意义，展示部分图片和文物，激发学生兴趣。
2. 资料搜集指导
教师提供学习支架：选题范围和重点，如三国时期的战争、政治、经济、文化、人物等；图书馆和网络资源的使用指南；资料汇编模板或框架。
教师讲授搜集资料的渠道和方法（图书馆、网络等），指导学生如何筛选资料以及鉴别资料的真实性和可靠性。提醒学生注意资料的版权和引用规范。
3. 学生独立搜集资料
学生根据教师提供的范围和重点，独立前往图书馆或利用网络搜集资料，将搜集的资料记录在笔记本或电脑上，并做好初步的分类和整理。
4. 小组讨论与交流
学生分组，每组分享自己搜集的资料和心得。组内讨论，共同筛选出重要和有价值的资料。每组选出代表，做好班级汇报的准备。</td></tr>
</table>

续表

<table>
<tr><td rowspan="2">阶段任务 1：搜集资料，了解三国历史</td><td>时间</td><td>2023 年 10 月 15 日—10 月 28 日（2 周）</td><td>地点</td><td>班级教室、网络教室、图书馆</td></tr>
<tr><td>教学流程和环节</td><td colspan="3">5. 班级汇报与点评
每组代表上台汇报本组的资料搜集成果。教师和其他同学对汇报进行点评和提问。教师总结各组的亮点和不足，提出改进建议。
6. 资料整理与汇编
学生根据课堂讨论和点评，对搜集的资料做进一步的整理和筛选，并根据教师提供的模板或框架，整理成三国历史资料汇编。
7. 反馈与阶段小结
学生个人、学生小组、教师对资料汇编给予反馈和建议，总结阶段任务的过程和收获，为下一阶段的任务（如设计研学线路）做好铺垫和准备。</td></tr>
<tr><td rowspan="2">阶段任务 2：分析地理环境，确定研学站点</td><td>时间</td><td>2023 年 10 月 29 日—11 月 4 日（1 周）</td><td>地点</td><td>多媒体教室、美术教室</td></tr>
<tr><td>教学流程和环节</td><td colspan="3">1. 教师引入
教师简要介绍三国时期的地理环境对历史事件和人物的影响，以及研学站点选择的重要性。展示三国时期的地图，让学生有直观的认识。
2. 研学站点选择标准讲解
教师讲解研学站点选择的参考标准，如历史事件的重要性、人物的影响力、地理环境的独特性等。通过案例分析，让学生理解如何根据这些标准选择研学站点。引导学生思考地理环境如何影响历史事件和人物的选择和行动。
示例：结合三国人物选取研学站点。
（1）确定关键人物。选择三国时期具有代表性的历史人物，如刘备、关羽、张飞、曹操、孙权、诸葛亮等。这些人物在三国历史中扮演了重要角色，其事迹和影响广泛。
（2）研究人物生平与事迹。深入了解所选人物的生平、主要事迹以及他们与地理环境的关联，如刘备在成都建立蜀汉政权。
（3）选取研学站点：根据人物生平与事迹，结合地理环境的分析，选取具有代表性的研学站点。这些站点可以是人物的故居、重要战役的遗址、文化古迹等，如成都武侯祠、成都大邑县赵云祠墓、阆中汉桓侯祠（俗称张飞庙）等。
3. 分组讨论与站点选择
学生分组，每组选择一个区域（如武侯祠、白马关、张飞庙、剑门关等），根据标准选择具有代表性的研学站点。组内讨论，确定站点的名称、位置、历史背景和选择理由。</td></tr>
</table>

续表

<table>
<tr><td rowspan="2">阶段任务 2：分析地理环境，确定研学站点</td><td>时间</td><td>2023 年 10 月 29 日—11 月 4 日（1 周）</td><td>地点</td><td>多媒体教室、美术教室</td></tr>
<tr><td>教学流程和环节</td><td colspan="3">4. 绘制研学站点分布图
教师介绍绘制研学站点分布图的基本步骤和技巧，演示使用绘图软件或工具绘制研学站点分布图的过程。学生将选取的研学站点串联起来，设计一条合理的研学线路，并根据讨论结果和绘图指导，使用绘图软件或工具绘制研学站点分布图。教师巡视指导，帮助学生解决绘制过程中遇到的问题。
5. 成果展示与点评
每组展示自己绘制的研学站点分布图，并说明站点选择和绘制过程。教师和其他同学对展示成果进行点评和提问。学生完善自己的研学站点分布图。
6. 教师总结与拓展
教师总结地理环境对研学站点选择的重要性以及绘制站点分布图的基本技能，引导学生思考如何将这些知识和技能应用到其他历史时期的研学站点选择中。</td></tr>
<tr><td rowspan="2">阶段任务 3：设计研学活动，制定活动方案，制作宣传册</td><td>时间</td><td>2023 年 11 月 5 日—11 月 18 日（2 周）</td><td>地点</td><td>班级教室</td></tr>
<tr><td>教学流程和环节</td><td colspan="3">1. 学生分组，确定活动方案内容
学生分成若干小组，选出组长。每组学生需要设计一条从起点到终点的三国研学线路，线路中需要包括重要的三国历史遗迹、文化景点和自然景观。还需要规划线路的行程安排、交通方式、住宿和餐饮等细节。
2. 完成研学活动方案初稿
学生分组讨论活动方案所包含的要素，形成初稿框架；每组深入研究每个历史遗址和景点的历史背景、文化内涵和教育意义，以此为依据，确定活动内容。设计丰富有趣的活动形式，例如：参观古战场，了解三国时期的战争策略和战术布置；参观文化遗址，如古城墙、古民居等，感受三国时期的生活方式和建筑风格；设计角色扮演活动，分组扮演三国时期的人物，体验历史情境，加深对历史人物和事件的理解；设置与三国历史相关的谜题或任务，在研学过程中寻找线索、解决问题，增强研学活动的趣味性和挑战性等。
3. 初稿提交集体讨论
教师明确项目的目标和任务，并确保活动设计的主题与教学目标、学生能力发展密切相关。各方就每组提交的初稿自由发言。</td></tr>
</table>

续表

阶段任务 3：设计研学活动，制定活动方案，制作宣传册	时间	2023 年 11 月 5 日—11 月 18 日（2 周）	地点	班级教室
	教学流程和环节	4. 完善初稿，形成详细的活动方案 在整理各方意见的基础上，各组再次讨论，各组员明确任务，分工合作，制定出详细的活动方案。活动方案应包括行程安排、景点介绍、交通方式、食宿安排等内容，注重实用性和可操作性。 5. 归纳总结活动方案亮点，制作研学宣传册 各组讨论，归纳总结活动方案亮点，分工合作制作研学宣传册，并通过社交媒体、学校网站等渠道进行宣传推广。		
阶段任务 4：完善研学线路，制定安全和应急预案	时间	2023 年 11 月 19 日—11 月 25 日（1 周）	地点	班级教室、研学站点
	教学流程和环节	1. 成立安全工作小组 成立由相关教师和管理人员组成的安全工作小组，明确各自职责。设立人员点名组、交通安全组等，确保责任到人。 2. 制定安全预案 各组根据活动方案和研学站点实际情况，制定详细的安全预案。预案中应包括可能出现的风险、预防措施、应急处理措施等。 本次研学线路站点包括：成都武侯祠、德阳庞统祠、阆中张飞庙、广元剑门关和昭化古城。 3. 组织评审安全预案 教师组织专家对安全预案进行评审，确保其科学性和有效性。 4. 应急演练，完善预案 在条件允许的情况下，教师可组织应急演练，以检验安全预案的可行性和有效性。根据演练结果，及时对预案进行修订和完善。		
阶段任务 5：成果展示	时间	2023 年 11 月 26 日—12 月 3 日（1 周）	地点	班级教室、学校报告厅
	教学流程和环节	1. 确定展示主题 展示研学线路设计的成果，要确定展示会的主题，以便围绕主题来策划和组织展示。各组讨论后确定展示会的主题。 2. 制定展示策划方案 师生共同设定展示的时间、地点和规模，考虑参与人员的数量、场地设施和预算等因素。各组确定展示内容和形式，包括研学线路设计的展板、演示文稿、视频等多媒体展示材料，以及现场解说和互动体验等内容。 3. 组织和协调展示 教师组织学生成立展示筹备小组，明确各成员的任务和职责，推动筹备工作有序进行。在学校报告厅举办研学线路成果展示会。		

六、项目评价

“千里走三国——四川三国研学线路设计”项目式学习评价方案见表 3-1-4，评价量表见表 3-1-5。

表 3-1-4 “千里走三国——四川三国研学线路设计”项目式学习评价方案

成果	教学目标	评价维度	评价者	评价时机
研学站点分布图	通过绘制研学站点分布图，提升时空认知能力，提高地图绘制能力与可视化表达能力。	1. 准确性：史实、地点的准确性，研学站点分布图的准确性、详细程度。 2. 清晰性：研学站点分布图的清晰度和易读性。 3. 实用性：研学站点分布图在实际研学中的实用性。	教师、学生	研学站点分布图绘制完成后，学生自评、教师点评。
研学线路设计方案	通过小组合作完成研学线路设计方案，了解三国历史文化，同时培养团队协作、创新思维和实践能力。	1. 创意性：线路设计的独特性和创新性。 2. 合理性：线路规划的合理性和可行性。 3. 完整性：线路涵盖的历史、文化和自然景观的全面性。 4. 实用性：线路设计的实用性和可操作性。	教师、学生	初稿设计完成后学生自评、小组互评，定稿设计完成后教师点评。
研学线路成果展示材料（展板、演示文稿）	通过制作研学线路成果展板或演示文稿，提升信息整合能力和创意表达能力。	1. 清晰度：展示材料的逻辑性和条理性。 2. 创新性：展示方式的独特性和创新性。 3. 吸引力：展示内容对观众的吸引力。	教师、同学、参观者	在成果展示阶段进行小组评议和教师点评。
研学宣传册	通过设计研学宣传册，将相关三国知识学以致用，提升文字表达能力和美术设计能力。	1. 视觉吸引力：设计的美观度和吸引力。 2. 信息传达：内容的准确性和传达效果。 3. 实用性、便利性：宣传册的实用性和携带的便利性。	教师、同学、宣传册受众	宣传册初稿完成后学生自评、小组自评、小组互评，定稿完成后教师点评。

续表

成果	教学目标	评价维度	评价者	评价时机
反思日志	通过撰写反思日志，在发现问题和思考解决方法中增强学习能力，提升自我认知。	1. 反思深度：能够对自己在项目中的表现进行深入反思。 2. 成长记录：能够及时记录自己在项目中的成长和收获。 3. 改进计划：能够提出具体的个人改进计划和目标。	学生	贯穿项目全程，每个环节完成后学生自评。

评价说明：

（1）评价者应根据学生在项目中的实际表现进行公正、客观的评价。

（2）评价时机可根据项目的实际情况进行适当调整，但应确保评价的及时性和有效性。

（3）学生自评与反思是项目评价的重要组成部分，教师应引导学生认真进行自我评价和反思，以促进学生的自我提升和发展。

表 3-1-5 “千里走三国——四川三国研学线路设计”项目式学习评价量表

评价维度	评价标准	权重	得分（满分 10 分）			
			自我评分	小组评分	教师评分	平均得分
探究能力	对三国历史、文化和地理的深入探究。	40%				
	独立思考和解决问题的能力。					
	信息的搜集、整理和分析能力。					
学习态度	学习的主动性和积极性。	10%				
	对待困难和挑战的态度。					
	不断学习和自我提升的精神。					
团队合作	团队成员间的协作和配合。	10%				
	团队内部沟通和交流的能力。					
	团队分工情况和任务完成的效率。					
成果展示	展示内容的清晰度和条理性。	30%				
	展示方式的创新性和吸引力。					
	展示材料的完整性和准确性。					

续表

评价维度	评价标准	权重	得分（满分 10 分）			
			自我评分	小组评分	教师评分	平均得分
反思成长	对项目过程和成果的深入反思。	10%				
	从项目中获得的经验和教训。					
	对未来学习和发展的规划和展望。					
总　分						

评价说明：

（1）各评价维度和评价标准的权重根据项目的实际情况和重要性设定。

（2）评价者根据实际情况打分，满分为 10 分，可根据实际情况进行适当调整。

案例 2　探秘北京中轴线

王良　王菲　吴晨露　郭艳敏　刘晓燕　王盼盼
北京中学

一、项目简介

项目式学习注重多学科融合，强调在真实情境中解决问题。我校教师在历史和美术学科中开展了基于博物馆资源的跨学科项目式学习，将史学与美学融合，结合首都博物馆、故宫博物院等多种博物馆资源，通过开设特色社团课程，采用课内知识与校外实践融合的课程形式，尝试引导学生对北京中轴线进行多方面的探究分析，在真实情境中综合运用知识解决问题：一方面，突出北京中轴线的历史沿革，讲述北京中轴线文化遗产背后的历史故事；另一方面，从艺术的角度出发，欣赏北京中轴线上的建筑之美。通过让文物说话、让建筑说话，引导学生认识北京中轴线的壮美，感悟北京城的魅力，热爱北京的历史文化，全面提升学生多学科素养。本项目信息见表 3-2-1。

表 3-2-1　项目信息卡

基本信息	项目名称	探秘北京中轴线
	项目持续时间	2024 年 9 月 2 日—12 月 31 日（10 课时）
	核心驱动问题	北京中轴线是如何形成并延续至今的?
	学科	历史、美术
学生团队	项目年级	八年级
	实施团队	北京中学初中部选修课“一起来看世界文化遗产”学生
	参与人数	50 人
指导团队	项目设计	王良、王菲、吴晨露、郭艳敏、刘晓燕、王盼盼
	指导教师	郭大维、赵建建

二、项目依据

（一）现实依据

北京中轴线作为北京城市建设的重点，发源于元代并在明清两代逐步发展完善，成为中国保存下来规模最大的都城轴线，被认为是中国古代都市规划的经典之作。2012年北京中轴线第一次申报世界遗产名录，但由于城市化进程的不断发展，部分历史建筑受到破坏，中轴线缺乏完整性，未能申请成功。经过修缮维护，北京中轴线申报“世界文化遗产”被写入《北京城市总体规划（2016年—2035年）》，《中国世界文化遗产预备名单》上登载了北京中轴线上的14处遗产点，为下一次申遗做准备。

2024年7月27日，在第46届世界遗产大会上，中国申报项目“北京中轴线：中国理想都城秩序的杰作”申遗成功。首都博物馆推出“读城——探秘北京中轴线”大型互动体验式展览，展现了北京中轴线在历史长河中的生生不息与恒久神韵。在中轴线沿线也有丰富的博物馆资源可供师生学习和参考。本次项目式学习的设计初衷是基于博物馆资源，创设丰富多样的真实学习情境，设计富有挑战性、自主性的驱动问题，激发学生主动探索的热情，在实践中达成学习目标，让枯燥的历史和美术知识变得立体鲜活。

（二）课标依据

历史：能够知道中国古代遗留至今的各类史料是了解和认识中国古代历史的证据，能结合语文、地理、艺术等课程的学习，初步理解古代史料的含义，尝试运用史料说明历史问题。通过了解中国古代文明的辉煌成就，认识中华优秀传统文化的独特价值和突出优势，提高民族自尊心、自信心和自豪感，增强民族凝聚力。

美术：引导学生积极参与艺术活动，重视学生在学习过程中的艺术感知及情感体验，同时重视艺术与其他学科的联系，充分发挥协同育人功能；注重艺术与自然、生活、社会、科技的关联，学习和领会中华民族艺术精髓，增强中华民族自信心与自豪感。

（三）教材依据

《中国历史》七年级下册第16课“明朝的科技、建筑与文学”中，要求学生通过北京城的建筑，体会古代人民的智慧和创造力，发现身边的历史，了解和认识中央集权制度之下的都城设计。建筑是时代的见证，北京中轴线体现了中国古代劳动人民的智慧和创造力，见证了北京城历史的源远流长。人民美术出版社出版的《美术》八年级上册第 8 课“北京中轴线建筑”作为“欣赏·评述”课程，要求学生通过认识不同历史建筑特点，了解建筑的作用与背后文化特色，从而得出北京中轴线建筑“中正安和”的特点。

三、教学目标

（一）学科学业目标

通过本课程的学习实践，知道北京中轴线上的古建筑、博物馆中的相关文物展品是认识和了解北京中轴线历史发展的证据，在欣赏和解读北京中轴线文化的活动中，重视学习过程中的艺术感知及情感体验，结合语文、地理、艺术等学科课程的学习，了解中国古代文明的辉煌成就，认识以北京中轴线所承载的文化为代表的中华优秀传统文化的独特价值和突出优势，提高民族自尊心、自信心和自豪感，增强民族凝聚力。

（二）核心素养目标

（1）通过行前学习与博物馆线上考察，知道北京城的相关历史知识和博物馆参观礼仪，了解北京中轴线建筑的内涵和历史沿革；了解北京中轴线建筑的布局和特色，认识其重要的历史价值。（时空观念、审美感知、人文底蕴）

（2）通过博物馆实践活动前对北京中轴线相关历史背景知识的学习，实践活动中对北京中轴线遗址遗迹、文物展品的参观考察，以及实践活动后绘制的北京中轴线地图，制作的北京中轴线古建筑模型，整理的文物观展记录、考察报告等，初步掌握博物馆实践学习的基本方法，初步学会从多种渠道获取、解读历史信息的能力。（史料实证、艺术表现、创意实践）

（3）通过小组合作完成北京中轴线保护提案撰写，能够用多种史料说明历史问题，有理有据地表达自己的看法。同时，了解北京中轴线的历史变迁和文化传承，认识历史文物、遗址遗迹对中华文明传承的重要作用；传承和发扬中华优秀传统文化，提升保护

文物和历史古迹的意识；激发热爱家乡、热爱祖国的情怀。（家国情怀、文化理解、社会参与）

（三）项目成果目标

通过博物馆参观和小组合作学习，整理制作北京中轴线历史资料卡片，撰写北京中轴线主题展览讲解词，制作中轴线古建筑手绘展板和模型。分小组形成北京中轴线申遗模拟申报书，在世界遗产申报大会情景模拟展示会上进行北京中轴线申遗答辩。

四、驱动问题

本项目的核心驱动问题为“北京中轴线是如何形成并延续至今的”，具体分解见表 3-2-2。

表 3-2-2　驱动问题及成果

核心驱动问题	分解驱动问题	阶段任务	阶段成果	最终成果
北京中轴线是如何形成并延续至今的?	北京中轴线是如何形成的?	阶段任务 1：初步了解北京中轴线相关历史知识，初步掌握讲解的基本步骤和方法。（知识体系构建）	北京中轴线历史资料卡片	世界遗产申报大会情景模拟展示会
	北京中轴线是如何延续至今的?	阶段任务 2：自主撰写讲解词；走进首都博物馆，小组合作完成展览讲解。（自主探究学习）	北京中轴线主题展览讲解词	
	哪些建筑构成了中轴线?	阶段任务 3：观察分析中国古建筑的特色；画一画你体会到的“壮美秩序”，体验创意模型制作。	中国古建筑常识资料卡片、中轴线古建筑手绘展板和模型	
	我们可以为北京中轴线申遗做些什么?	阶段任务 4：分析保护北京中轴线的意义，总结课程的学习收获；模拟世界遗产申报。	北京中轴线申遗报告书	

五、项目实施

本项目具体实施流程设计见表 3-2-3。

表 3-2-3　项目实施流程设计

<table>
<tr><td rowspan="2">入项活动：模拟演练，进入学习情境</td><td>时间</td><td>2024 年 9 月 2 日（1 课时）</td><td>地点</td><td>班级教室</td></tr>
<tr><td>教学流程和环节</td><td colspan="3">聆听教师讲解北京中轴线相关知识和博物馆参观注意事项，模拟演练，进入学习情境。
教师活动：讲述北京中轴线的相关知识以及博物馆展览讲解的相关常识，播放博物馆讲解视频，讲解博物馆参观注意事项。
学生活动：观看视频，聆听讲解，模拟演练。
【设计意图】课堂内对基础知识的掌握是开展实践学习的基础，便于学生进入博物馆实践学习情境，能够衔接课堂学习与实地参观考察学习。对博物馆参观注意事项等的再三强调，有助于学生文物保护意识的树立。</td></tr>
<tr><td rowspan="2">阶段任务 1：初步了解北京中轴线相关历史知识，初步掌握讲解的基本步骤和方法（知识体系构建）</td><td>时间</td><td>2024 年 9 月 10 日（2 课时）</td><td>地点</td><td>首都博物馆</td></tr>
<tr><td>教学流程和环节</td><td colspan="3">结合教师讲解和视频，初步了解北京中轴线相关历史知识，通过观摩初步掌握讲解的基本步骤和方法。（知识体系构建）
1. 用教材回顾历史知识
教师活动：组织学生回顾关于北京城的基本知识，包括北京城的建造时间、建造者、布局特点等。结合纪录片《北京中轴线》的内容，提醒学生对中轴线的概念、变迁和北京中轴线建筑等相关内容进行了解和记录。
学生活动：聆听讲解，观看视频，做好笔记。
【设计意图】历史基础知识的巩固是历史实践学习的重要环节，在课堂学习中，通过梳理、回顾教材中涉及的古代历史中有关北京城建立、发展的基本史实，学生能够了解北京中轴线的背景知识，初步形成历史时序意识和历史空间感。
2. 用文字描述展品内容
教师活动：带领学生参观首都博物馆“读城——探秘北京中轴线”展厅，对文字说明牌和展品进行拍照记录，制作展品信息文档，引导学生阅读文字说明牌、观察展品，和学生共同提取文物基本信息。
学生活动：阅读文字说明牌，观察展品，初步了解展厅文物，掌握识读文物的基本方法。</td></tr>
</table>

续表

<table>
<tr><td rowspan="2">阶段任务 1：初步了解北京中轴线相关历史知识，初步掌握讲解的基本步骤和方法（知识体系构建）</td><td>时间</td><td>2024 年 9 月 10 日（2 课时）</td><td>地点</td><td>首都博物馆</td></tr>
<tr><td>教学流程和环节</td><td colspan="3">【设计意图】通过课堂学习与博物馆实地参观，梳理、归纳北京中轴线相关内容，学生能够对中国古代历史上有关北京中轴线的重要事件、人物等形成合理想象，认识到北京中轴线的意义和影响。
3. 通过观摩掌握讲解方法
教师活动：说明博物馆讲解员的讲解礼仪，并结合线上博物馆的讲解员示范视频，引导学生观摩博物馆讲解员的讲解。
学生活动：观摩讲解员的示范视频，结合文物基本信息，初步了解博物馆讲解的步骤和方法。
【设计意图】锻炼学生的解说、表达、展示能力，使学生初步掌握讲解方法，为走进展厅成为“小小讲解员”做好铺垫。</td></tr>
<tr><td rowspan="2">阶段任务 2：自主撰写讲解词；走进首都博物馆，小组合作完成展览讲解（自主探究学习）</td><td>时间</td><td>2024 年 10 月 10 日（2 课时）</td><td>地点</td><td>首都博物馆</td></tr>
<tr><td>教学流程和环节</td><td colspan="3">选择自己感兴趣的主题，自主撰写讲解词；在教师带领下走进首都博物馆“读城——探秘北京中轴线”展厅，小组合作完成一场完整的展览讲解。（自主探究学习）
教师活动：按照展览内容划分小组，引导学生选择主题、撰写讲解词并根据讲解词完成讲解。
学生活动：分小组讨论如何撰写讲解词，走进博物馆进行实地讲解，同时聆听其他同学的讲解，及时整理笔记。
【设计意图】为学生提供不同形式的历史学习体验方式，将课内学习与博物馆实践学习结合起来，增强学习过程的实践性与趣味性。学生通过小组合作自主讲解和聆听其他同学讲解、做记录、互动游戏等环节，能够知道中国古代留存至今的各类史料是认识和理解北京城、北京中轴线历史的证据，能从艺术、语文、地理等多学科视角，运用博物馆中的史料说明北京中轴线的相关问题。
1. 按兴趣选择讲解主题
教师活动：按照“读城——探秘北京中轴线”展览布局，根据讲解内容将学生分为五个小组，设置多个主题，引导学生按照兴趣进行选择，自主撰写讲解词。
学生活动：选择自己感兴趣的主题报名，搜集资料，自主撰写讲解词，小组内进行模拟讲解。
【设计意图】为学生历史个性化选题研究提供支持，让学生结合自己的研究兴趣进行自由选题，也便于教师关注学生的个性需求，提供个性支持。</td></tr>
</table>

续表

<table>
<tr><td rowspan="2">阶段任务 2：自主撰写讲解词；走进首都博物馆，小组合作完成展览讲解（自主探究学习）</td><td>时间</td><td>2024 年 10 月 10 日（2 课时）</td><td>地点</td><td>首都博物馆</td></tr>
<tr><td>教学流程和环节</td><td colspan="3">2. 合作进行展览讲解
（1）学生自主讲解
教师活动：帮助学生熟悉展览流程，引导学生按照小组进行讲解。每组学生讲解结束后设置提问环节，并对讲解内容进行补充和完善。
学生活动：按小组顺序进行主题讲解，其他同学聆听讲解，及时记录关键信息。每组学生讲解结束后进入提问环节。
【设计意图】学生在游览博物馆的过程中合作进行讲解，既是讲解员也是观展者，体现了协作学习的机制。学生运用博物馆的文物史料来解读北京中轴线的历史，通过自主讲解环节，能够初步学会依靠可信史料了解北京中轴线历史的方法，同时激发出探究兴趣，促进自主学习。
（2）多学科教师与学术专家指导补充
教师活动：观察和记录学生在讲解和观展过程中产生的疑问，邀请中国古代建筑研究专家和其他学科教师适时进行答疑与补充，及时纠正、补充学生讲解中的错漏之处，引导学生联系课内所学，充分利用博物馆资源进行学习探究。
学生活动：聆听讲解，思考问题，在每组讲解结束后向讲解的同学和教师、专家提问，并记录问题答案。
【设计意图】听讲解是博物馆学习的重要环节，讲解的同学基于自己充分的准备，可以解答其他同学的疑问。这既是生生互动的重要方式，也是展示学生风采的机会，能够激发学生的学习主动性。对于学生提出的专业问题，古建筑研究专家能够给予权威回答，进一步拓展学生的学习视野与思维。在现场多学科教师讲解的基础上再次观察展品，学生能够获得在课内学科课堂中所没有的多学科综合学习的体验和感受。
（3）参与互动游戏
教师活动：组织学生利用博物馆里的互动设备，通过动手操作进一步了解北京中轴线建筑的特点。
学生活动：在展览的第一部分，在中国古代星图中寻找紫微垣，了解中国人“中轴”概念的由来；在展览的第二部分，参观北京中轴线实物模型，配合模型的音乐装置，感受北京中轴线建筑中凝固的律动，了解北京中轴线上的主体建筑，感受北京中轴线独特的壮美秩序；在北京中轴线南端——前门场景的讲解过程中，观察展厅里天桥附近民间艺人的图片，了解北京城的民间艺术，观察木质招幌的复制品，猜测其主要用途，了解北京城的民俗文</td></tr>
</table>

续表

	时间	2024 年 10 月 10 日（2 课时）	地点	首都博物馆
阶段任务 2：自主撰写讲解词；走进首都博物馆，小组合作完成展览讲解（自主探究学习）	教学流程和环节	化；在社稷坛建筑场景的讲解过程中，用展厅里的拼图合作拼成五色土祭坛，了解祭坛蕴含的“五行学说”，认识中轴线建筑的传统文化寓意。 【设计意图】利用博物馆的互动设备，为学生提供智力支撑，让学生进入北京中轴线建筑的模拟情境之中，帮助他们初步体会、解读、运用多种类型史料中蕴含的历史信息来生成自己对北京中轴线历史的认识。通过实践活动，学生能够对相关探究问题形成更加深刻的体验和感受。 （4）中轴寻迹 教师活动：引导学生欣赏刘洪宽先生绘制的工笔画长卷《天衢丹阙：老北京风物图卷》（该图表现的是 20 世纪三四十年代的北京中轴线的繁华街景与雄伟庄严的皇家宫殿群），引导学生在画卷上按照从南到北的顺序标注出刚刚学习过的北京中轴线建筑并描述建筑的特征。 学生活动：观察画卷，在画卷中按照方位顺序依次标注北京中轴线建筑。 【设计意图】通过欣赏画卷，学生能够感受民国时期的北京城风貌，产生古今对比，认识到任何事物都是在特定、具体的时空条件下存在的，从而认识到北京中轴线的源远流长和与时俱进，加深对北京中轴线建筑的意义的理解。 （5）答题竞赛 教师活动：按照参观顺序设计五道问题，学生进行抽签必答和抢答。 问题一：从什么时候开始中国都城有了“中轴”的概念？ 问题二：北京中轴线是怎样一步一步形成的？ 问题三：北京老城中轴线的起点和终点分别是哪两座建筑？ 问题四：新中国北京城的“左祖右社”发生了哪些变化？ 问题五：北京中轴线是在什么时候申遗成功的？ 学生活动：结合所学知识，积极思考，回答问题。 【设计意图】通过问题带动学生独立分析和思考，通过多样化的提问激发学生的参与感和探索精神，引导学生将之前学习的北京中轴线建筑的特点和思想内涵内化为自己的知识体系。学生通过了解以北京中轴线为代表的中国古代文明的辉煌成就，能够认识到中华优秀传统文化的独特价值和突出优势，增强民族自尊心、自信心和自豪感。		

续表

<table>
<tr><td rowspan="2">阶段任务 3：观察分析中国古建筑的特色；画一画你体会到的“壮美秩序”，体验创意模型制作</td><td>时间</td><td>2024 年 11 月 29 日（4 课时）</td><td>地点</td><td>美术教室</td></tr>
<tr><td>教学流程和环节</td><td colspan="3">1. 建筑特色观察分析
（1）教师讲解：北京中轴线建筑都以对称的形式分布于轴线两侧，以传统建筑形式建造，犹如主旋律的和声，相互呼应，如先农坛与天坛、东华门与西华门等。
为了让学生充分领略古建筑的魅力，教师从古建筑的屋顶入手，引导学生观察古建筑的屋顶形制，感受古建筑之间的差异，在欣赏中认识古建筑，领略北京中轴线建筑之美。
（2）教师活动：出示北京中轴线上的建筑模型以及古建筑的图片，引导学生发现这些建筑的不同点。
学生活动：观察图片，了解古建筑屋顶样式的不同，分组进行回答。
教师结合学生回答，引导学生欣赏美术教材中的图片，补充讲解中国古建筑屋顶形制和等级的基本知识。
【设计意图】通过观察、辨认北京中轴线上的建筑模型和图片，学生探索发现古建筑屋顶样式与君主专制下森严的皇权等级制度之间的联系，能够对北京中轴线上的古建筑反映出来的中国古代中央集权制的有关历史现象进行阐释和理解。
（3）教师活动：展示图片，引导学生思考天坛祈年殿和先农坛太岁殿两座建筑的屋顶在外观上有何不同。
学生活动：观察两座建筑的屋顶，结合所学，回答出天坛祈年殿的屋顶为三重檐圆屋顶，先农坛太岁殿的屋顶为单层檐歇山顶。
教师补充：天坛祈年殿与先农坛太岁殿不同形制的屋顶实际上起到了左右呼应的作用，体现了中国古代“天圆地方”的哲学思想。进一步引导学生观察北京中轴线建筑的照片，找出中轴线上的现代建筑中有哪些体现了这一思想。
学生活动：观察中轴线实景照片，结合所学，说出鸟巢和水立方、国家大剧院和人民大会堂的建筑特点是古代“天圆地方”哲学思想的体现。
【设计意图】学生在教师引导下，能够通过观察、对比中轴线上的古今著名建筑，发现建筑形制的特点与寓意，结合历史学科所学内容，对这些建筑的特点与寓意作出合理解释，同时认识到中华优秀传统文化的思想理念的独特价值。
2. 创意模型制作体验
（1）教师活动：提供故宫博物院平面图，引导学生从故宫的整体结构和建筑布局进行观察。</td></tr>
</table>

续表

<table>
<tr><td rowspan="2">阶段任务 3：观察分析中国古建筑的特色；画一画你体会到的“壮美秩序”，体验创意模型制作</td><td>时间</td><td>2024 年 11 月 29 日（4 课时）</td><td>地点</td><td>美术教室</td></tr>
<tr><td>教学流程和环节</td><td colspan="3">学生活动：以小组的形式，根据故宫博物院平面图与文字介绍，绘制不同风格的故宫导览图。
（2）教师活动：拆解故宫中轴线上的建筑模型，用简单易操作的卡纸指导学生制作建筑模型的不同构件，组装成中轴线建筑的立体模型。
学生活动：利用教师给出的故宫建筑线框图及照片，将建筑结构拆分成屋顶、廊柱、门窗、斗拱等不同构件模型，并分别绘制于卡纸上，利用泡沫胶进行组装，制成层次分明的立体模型。
（3）教师活动：再次出示故宫博物院平面图，引导学生从建筑的高低错落和分布顺序进行观察。
学生活动：将故宫建筑立体模型依次摆放于故宫博物院平面图上，感受高低不同建筑给中轴线带来的起伏美感。
【设计意图】学生在教师引导下，能够通过动手绘制、拼接、组装故宫中轴线的著名建筑图样、模型，发现中轴线建筑的布局特点，结合上一课时所学内容，感知和认识这些建筑的布局特点，感受和了解中国古代文明的代表——北京中轴线的壮美与辉煌成就。</td></tr>
<tr><td rowspan="2">阶段任务 4：分析保护北京中轴线的意义，总结课程的学习收获；模拟世界遗产申报</td><td>时间</td><td>2024 年 12 月 31 日（1 课时）</td><td>地点</td><td>多媒体教室</td></tr>
<tr><td>教学流程和环节</td><td colspan="3">1. 分析保护北京中轴线的意义，总结课程学习收获
教师活动：在了解北京中轴线的历史以及中轴线上的建筑特色后，为提高学生自主探究能力、深度挖掘课外知识，请学生对以下问题进行思考。
问题一：对当今北京中轴线上的建筑与周边环境进行评价，它们是否符合“中正安和”的特点？它们的存在是否对城市的发展产生了影响？
问题二：北京中轴线申遗的原因是什么？
问题三：为保护北京中轴线上的古建筑，我们可以做些什么？
学生活动：通过课后阅读、查阅相关资料，撰写考察报告，并进行展示与汇报。
【设计意图】学生在教师引导下，能够通过讲解北京中轴线及其发展历史，探究中轴线及其特点，充分认识中轴线建筑及其周边环境的独特秩序，认识统一多民族国家形成、巩固和发展的重要历史意义，理解北京中轴线在古代、近代、现代城市发展中的重要意义，形成保护北京中轴线文化遗产、弘扬中华优秀传统文化的意识。在这一过程中，学生的民族自尊心、自信心和自豪感得到激发。</td></tr>
</table>

续表

<table>
<tr><td rowspan="2">阶段任务 4：分析保护北京中轴线的意义，总结课程的学习收获；模拟世界遗产申报</td><td>时间</td><td>2024 年 12 月 31 日（1 课时）</td><td>地点</td><td>多媒体教室</td></tr>
<tr><td>教学流程和环节</td><td colspan="3">2. 结合调研结果，模拟世界遗产申报
教师活动：出示《世界遗产公约》中的世界文化遗产申报要求，引导学生为北京中轴线申报世界文化遗产撰写报告书。
学生申遗报告书节选：
北京中轴线见证了中国社会的发展进程，特别是从封建社会后期到进入现代、当代的过程。无论是在建筑艺术上还是在城市规划上，它都是体现了国家变化和发展的非常有代表性的区域，所蕴含的中国传统理念始终贯穿发展过程之中。既然我们今天认识到北京是多么重要的一个城市，而它刚好拥有中轴线这样一个关乎整个城市发展历史的主题，那么我们理所当然地希望能把它放到世界平台上去展示和保护，并用它来促进我们未来城市的建设和发展。北京中轴线所具有的突出的普遍价值以及我们对它所具有的世界遗产价值的研究和发掘，有助于我们进一步认识、阐释中华文明的成就和贡献，在世界遗产大会这样一个国际平台上更好地讲述中国故事。同时，北京中轴线申报世界遗产也将促进对北京历史文化名城整体的保护，促进北京城的可持续发展。这是我们目前考虑到的北京中轴线申遗应该发挥的作用，或者说可能取得的效益。
【设计意图】通过撰写和展示北京中轴线申遗报告书，学生能够对北京中轴线的历史资料知识和北京中轴线古建筑基本常识进行综合应用，对北京中轴线申遗的现实意义有更加清晰明确的认知，从而进一步体会中华文明的成就与贡献。在这一过程中，学生的家国情怀、文化理解、社会参与素养得到充分激发与践行。</td></tr>
<tr><td rowspan="3">成果展示：世界遗产申报大会情景模拟展示会</td><td>时间</td><td>课余时间</td><td>地点</td><td>校园</td></tr>
<tr><td>参与人员</td><td colspan="3">各团队代表</td></tr>
<tr><td>教学流程和环节</td><td colspan="3">学生扮演“小小申遗官”，参加模拟世界遗产申报大会。结合本课程的收获制作汇报演示文稿，从文化、艺术、建筑、国际影响等多个维度阐述北京中轴线的特别价值。
（1）教师活动：汇总学生成果，下发投票卡。
学生活动：聆听各小组的发言，进行小组评分，并提交评分结果。
（2）教师活动：评选出优秀作品后邀请获奖者进行展示与分享，进行作品点评和总结提升。
学生活动：获奖者进行展示与分享，聆听教师点评和总结。
【设计意图】学生通过展示和点评，能够体会到成就感，从而增强自信心和责任感。</td></tr>
</table>

续表

<table>
<tr><td rowspan="3">评价反馈</td><td>时间</td><td>每个项目过程中</td><td>地点</td><td>与项目实施一致</td></tr>
<tr><td>参与人员</td><td colspan="3">项目组全体成员</td></tr>
<tr><td>教学流程和环节</td><td colspan="3">1.“我是小小讲解员”微项目
“我是小小讲解员”微项目（阶段任务 1、阶段任务 2）设计了基于博物馆情境的评价量表，分为讲解前、讲解中和讲解后。教师在布置任务之前，将评价量表下发给学生并加以解释说明；指导学生在讲解前充分搜集资料，并对资料进行梳理、筛选和整理。
【设计意图】结合运用学生小组的讲解稿，在讲解过程中强调了博物馆讲解词的表达方式方法，引导学生对讲解过程进行思考，形成自己的历史认识。学生既能了解项目必备的基础知识，同时也能锻炼合作探究和自主表达能力。
2.“我做城市设计师”微项目
“我做城市设计师”微项目（阶段任务 3）分为两个维度对学生进行评价，以图片、视频等媒体形式留存资料，设计过程性评价。
【设计意图】此环节评价着重强调课堂参与度与动手能力，引导学生在教师范画的基础上，发挥创意，用艺术手法再现中轴线上的建筑，为最终成果的评价提供参考。
3.“我来守护中轴线”微项目
在“我来守护中轴线”微项目（阶段任务 4、成果展示）中，根据学生的汇报成果对学生进行整体评价，学生通过实地考察、查阅资料等方式，对中轴线上的建筑、文物及周边环境进行描述和展示，学生自评、互评与教师评价相结合。
【设计意图】本部分结合申请世界文化遗产的具体标准，讨论北京中轴线申遗的意义，学生可以充分学习了解世界文化遗产的相关内容，并自主思考保护北京中轴线的方案。本部分旨在培养学生的文化理解、家国情怀素养，同时设置了多元评价主体，使学生能够更加注重合作学习等基本能力和素养。真实有挑战性的情境以及评价量表驱动学生不断深入思考和实践探究，由此达成项目式学习的可持续发展。</td></tr>
</table>

六、项目评价

“探秘北京中轴线”项目式学习评价方案见表 3-2-4，“我是小小讲解员”活动、“我来守护中轴线”活动评价量表分别见表 3-2-5、表 3-2-6。

表 3-2-4 “探秘北京中轴线”项目式学习评价方案

成果	教学目标	评价维度	评价者	评价时机
北京中轴线历史资料卡片	通过行前学习与博物馆线上考察，知道北京城的相关历史知识和博物馆参观礼仪，了解北京中轴线建筑的内涵和历史沿革；了解北京中轴线建筑的布局和特色，认识其重要的历史价值。	唯物史观、史料实证、历史解释、文化理解	学生、教师	根据项目成果进行自评、组评和教师评价。
北京中轴线主题展览讲解词、中国古建筑常识资料卡片、中轴线古建筑手绘展板和模型	通过博物馆实践活动前对北京中轴线相关历史背景知识的学习，实践活动中对中轴线遗址遗迹、文物展品的参观考察，以及实践活动后绘制的中轴线地图，制作的中轴线建筑模型，整理的文物观展记录、考察报告等，初步掌握博物馆实践学习的基本方法，初步学会从多种渠道获取、解读历史信息的能力。	史料实证、时空观念、艺术表现	学生、教师	根据项目成果进行自评、组评和教师评价。
北京中轴线申遗报告书	通过小组合作完成北京中轴线申遗报告书的撰写，能够用多种史料说明历史问题，有理有据地表达自己的看法。同时，了解北京中轴线的历史变迁和文化传承，认识历史文物、遗址遗迹对中华文明传承的重要作用；传承和发扬中华优秀传统文化，提升保护文物和历史古迹的意识；激发热爱家乡、热爱祖国的情怀。	历史解释、家国情怀、文化理解、创意实践	学生、教师	小组汇报后进行自评、组评和教师评价。

续表

成果	教学目标	评价维度	评价者	评价时机
世界遗产申报大会情景模拟展示会	能够结合自己小组成果，运用课内所学知识，通过解读中轴线有关的遗址遗迹、文物文献，结合当代中国发展形势，有理有据地在世界遗产模拟大会上代表国家表述北京中轴线申遗的理由，传承和发扬中华优秀传统文化；坚定中国特色社会主义道路自信、理论自信、制度自信、文化自信。	历史解释、家国情怀、文化理解、责任担当	学生、教师	小组总结成果汇报后进行自评、组评和教师评价，项目结束后进行终结性评价。

表 3-2-5 “我是小小讲解员”活动评价量表

评价方式：组内自评、组间互评、教师评价。

评价内容		评价方式	能做到	基本做到	部分做到	做不到
讲解前	能够根据自己的兴趣进行选题，针对研究选题主动查阅资料并与组内同学分享；能够在组内承担任务。	自评				
		互评				
		师评				
讲解中	在活动中善于合作、主动参与，有协作精神。	自评				
		互评				
		师评				
	能够结合选题撰写讲解词，包含必要的历史信息（文物名称、年代和文物故事等历史信息）。	自评				
		互评				
		师评				
	能够完整流畅地进行讲解，并与同伴积极探讨。	自评				
		互评				
		师评				

续表

评价内容		评价方式	能做到	基本做到	部分做到	做不到
讲解后	能够对选题初步形成明确、较为全面的观点，并在组内达成一致。	自评				
		互评				
		师评				
	汇报成果（演示文稿、书画作品等）有原创性，基本能做到史论结合，逻辑清晰，体现出如何传承中华优秀传统文化。	自评				
		互评				
		师评				
综合评价	本次博物馆综合实践探究学习过程中，我表现最出色的是:					
	下次综合实践探究活动中，我将会在这些地方改进:					

表 3-2-6　“我来守护中轴线”活动评价量表

评价方式：自我评价、组间互评、教师评价。

评价内容		评价方式	能做到	基本做到	部分做到	做不到
问题一	能够通过调查研究，对中轴线上的建筑、文物及周边环境进行描述，内容真实，逻辑清晰。	自评				
		互评				
		师评				
	能够基于调查结果，对今天的北京中轴线的维护状况及周边环境作出客观评价，论据充分，说服力强。	自评				
		互评				
		师评				

续表

评价内容		评价方式	能做到	基本做到	部分做到	做不到
问题二	能够结合申报世界文化遗产的具体标准，讨论北京中轴线申遗的意义。	自评				
		互评				
		师评				
	观点明确，体现出史论结合。	自评				
		互评				
		师评				
问题三	结合具体案例，至少说出一个明确的文物保护行动或者计划方案。	自评				
		互评				
		师评				
	体现小组分工合作，有创新意识可以加分。	自评				
		互评				
		师评				
综合评价	本次博物馆综合实践探究学习过程中，我形成了这些独特的观点：					
	本次综合实践探究活动中，我还有这些问题需要解决：					

案例 3　诗词歌赋里的历史

孙良慧
北京市第八中学

一、项目简介

初中生正处于一个至关重要的阶段，他们热衷于自我探索与丰富内心世界。历史项目式学习作为一种有效的辅助手段，能够与传统课堂教学相辅相成，为学生提供丰富多样的探索路径，进而引导他们发现并聚焦于自己的兴趣所在。在“诗词歌赋里的历史”项目式学习中，我们基于丰富的史料，跨学科地融合了诗词歌赋与文学典故，整合了教学资源，以引导学生系统梳理中国古代历史的发展脉络。这一做法不仅有助于学生深入理解历史的动态性与规律性，还能有效培养他们的历史学科核心素养。本项目信息见表 3-3-1。

表 3-3-1　项目信息卡

基本信息	项目名称	诗词歌赋里的历史
	项目持续时间	2023 年 9 月 15 日—2024 年 6 月 21 日（1 课时 / 周）
	核心驱动问题	如何通过诗词歌赋看中国古代史?
	学科	历史、语文
学生团队	项目年级	八年级
	实施团队	“诗词歌赋里的历史”兴趣班学生
	参与人数	30 人
指导团队	项目设计	孙良慧
	指导教师	杨维婷

二、项目依据

（一）现实依据

国家层面：习近平总书记在党的二十大报告中对“中国式现代化”进行了全面阐释。

中国式现代化是物质文明和精神文明相协调的现代化，中华文明在提升中国式现代化物质文明与精神文明中占有重要地位。历史是研究人类社会过去事件、发展变迁的学科，通过探究历史现象和规律，为现实提供借鉴和启示。而语文作为研究语言文字、文学作品的学科，不仅关注文本的解读与分析，更重视对人的语言表达能力和文化素养的培养和提升。历史和语文作为人文社会科学领域的两门重要学科，各自承载着深厚的文化底蕴和时代价值。

教学实际：在长期的学科发展过程中，历史与语文之间形成了紧密的联系和相互渗透的关系。当今社会，随着经济全球化进程的加速和信息时代的到来，历史与语文的关联日益凸显。一方面，语文作为文化交流的重要载体，其教学内容和方式不断受到历史因素的影响和制约；另一方面，历史研究也需要借助语文的工具和方法，以更加准确、生动地呈现历史事实。因此，探讨历史与语文的关联，不仅有助于深化对两门学科本身的理解，而且能够为教育实践和历史研究提供新的视角和方法。

在中学教学中，历史作为人文性学科，对学生三观的养成具有重要的价值引领作用。学习历史不仅有利于帮助学生了解中华文明，更能提升学生的民族认同感。然而对于初中生来说，历史是一门全新的学科，与小学学科相比，历史较为抽象，部分学生对历史的理解仍基于小学阶段语文学科的阅读背景分析。历史学科与语文学科之间存在着显著的共通性。在教材编纂方面，历史教材和语文教材均遵循时间线索，精选经典文本，以展现中华文化的深厚积淀与独特魅力。通过巧妙利用中华优秀传统文化中的诗词歌赋，我们能够有效地促进学生在历史学科与语文学科之间的融合学习，将原本碎片化的知识片段整合成连贯的体系，从而拉近学生与历史的距离，深化他们对历史文化的理解和感悟。

（二）课标依据

新课改的教育理念凸显了文化自信的重要性，项目式学习在初中历史课堂的应用，不仅是对这一理念的积极回应，更是对学生核心素养全面发展的有力推动。在历史教学中引入项目式学习，这一创新模式为学生搭建了一个独特的舞台，使他们能够自由展现自我，深入发掘个人潜力，从而彰显了对学生个性和兴趣的切实尊重。通过实施“诗词歌赋里的历史”项目式学习，教师巧妙地运用经典文本作为桥梁，引导学生置身于历史的大背景之中，深入剖析这些文学作品背后的历史事件、涉及的杰出人物或特定时期的重要特征，从而将原本抽象的历史知识具象化、情景化，使之与学生的生活经验和情感体验紧密相连。在探究过程中，学生不仅能深化对历史知识的理解和领悟，更能通过一系列项目实施环节如自主搜寻资料、整合信息以及公开展示等，切实提升独立思考和问题解决等关键实践能力。

（三）教材依据

与项目式学习相关的知识常常散落在教材中，这种零碎的呈现方式往往导致学生思维单一，无法从整体上建构知识体系。因此，我们在教学设计中关注了知识的整体性。在“诗词歌赋里的历史”项目式学习中，教师结合历史学科与语文学科共同涉及的《诗经》、汉乐府民歌、文人学士代表作等，建立起历史新知与语文旧知之间的对应关系，将已知信息转化为适用于新情境的知识。

三、教学目标

（一）学科学业目标

“诗词歌赋里的历史”项目式学习旨在通过系统学习，深化学生对历史事实的掌握，并培养其文化自信。同时，引导学生通过文本选段深入剖析历史人物、历史事件、历史现象之间的内在逻辑与本质联系。

（二）核心素养目标

史料实证：通过分析实物考古、文字典籍和后人评述等史料，综合得出结论，提升文言文阅读理解能力和抓住材料关键信息的能力。

历史解释：基于史料对史实进行陈述和解释，包括对不同历史时期和事件的理解和解释能力。

家国情怀：通过学习历史，提升对国家、民族和文化的认同感、责任感和使命感，拓展国际视野，强化担当精神。

（三）项目成果目标

“诗词歌赋里的历史”项目式学习在借助多种史料的基础上，跨学科地引用传统典籍，引导学生梳理中国古代历史的演变。在教学活动中，我们特别注重增强其趣味性，并充分利用北京本土的丰富资源，以激发学生的学习兴趣并深化其对本土文化的理解。为了深化学生的历史理解，我们根据任务设定，鼓励学生亲身走进博物馆，探寻历史遗迹，直观感受历史的厚重。在此基础上，鼓励学生结合所学所感，发挥创新思维，进行多样化的成果展示，如绘制历史人物立绘、制作精细的文物模型，或是编演引人入胜的历史短剧等。

四、驱动问题

本项目的核心驱动问题为“如何通过诗词歌赋看中国古代史”，具体分解见表 3-3-2。

表 3-3-2 驱动问题及成果

核心驱动问题	分解驱动问题	阶段任务	阶段成果	最终成果
如何通过诗词歌赋看中国古代史?	你所了解的诗词歌赋有哪些?	1. 梳理传统典籍的演变历程，绘制反映传统典籍演变的小报。 2. 进行知识交流，分享自己熟知的诗词歌赋，激发学习兴趣。	反映传统典籍演变的小报	一个综合性的小型展览
	你认为诗词歌赋是否具备展现和传承历史文化的独特能力?	1. 在搜集的资料中选择合适文本，结合历史所学，挖掘文本所体现的历史细节。 2. 思考如何更好地发挥诗词歌赋对传承历史文化的作用。 3. 设计一款融合历史与语文学科的“关键词连连看”小游戏。	历史、语文学科“关键词连连看”小游戏	
	如何探寻诗词歌赋里的历史?	1. 分析不同历史时期的诗词歌赋，揭示其中蕴含的历史信息和文化内涵，梳理出古代史的发展脉络。 2. 理解诗词歌赋在传承历史文化方面的独特作用和价值，思考传承中华优秀传统文化的新思路、新方法。	文创作品、历史短剧	

五、项目实施

本项目具体实施流程设计见表 3-3-3。

表 3-3-3 项目实施流程设计

入项活动：回顾小学生活，交流历史学习心得与体会	时间	2023 年 9 月 15 日（1 课时）	地点	班级教室
	教学流程和环节	1. 教师鼓励学生回顾小学生活的点滴，并畅所欲言地分享对新的学习生活的期待与感受，帮助他们更好地适应初中学习生活。 2. 师生共同对历史学科进行深入讨论，旨在让学生交流初步的学习心得与体会。这些讨论不仅聚焦于学生在历史学习过程中遇到的困难和挑战，还鼓励学生积极思考，共同探讨如何以更加积极有效的态度迎接新学科的挑战。通过这样的交流，帮助学生更好地理解历史学科的核心价值，同时也为他们的学术成长和未来发展奠定坚实的基础。 3. 教师总结新旧学科的特点，求同存异，进行立项仪式。		
阶段任务 1：探究诗词歌赋	时间	2023 年 9 月 22 日—11 月 24 日（8 课时）	地点	班级教室
	教学流程和环节	1. 课前自主查阅资料，开展小组讨论，深入探究并系统地梳理传统典籍从古至今的演变历程，揭示其历史脉络、文化价值以及在不同历史阶段的发展特点，从而深化对中国古典文学发展历程的理解。 2. 小组选择一名代表，展示每组的探究所得。 3. 举办“知识交流会”，分享自己熟知的那些脍炙人口、意蕴深长的诗词，以及情感真挚的赋文，以促进知识互补，进而激发对历史与语文学科的学习兴趣，深入探讨两门学科的共通之处。 4. 绘制反映传统典籍演变的小报。		

续表

<table>
<tr><td rowspan="2">阶段任务 2：思考诗词歌赋展现和传承历史文化的独特能力</td><td>时间</td><td>2023 年 12 月 1 日—2024 年 3 月 22 日（8 课时）</td><td>地点</td><td>班级教室</td></tr>
<tr><td>教学流程和环节</td><td colspan="3">1. 诗词歌赋作为中华民族传统文化的瑰宝，其历史悠久、内涵丰富。从古至今，诗词歌赋不仅是文人墨客表达情感、抒发抱负的重要途径，更是记录历史、传承文化的重要载体。在搜集的诗词歌赋资料中选择合适文本，对其历史渊源、艺术特色和文化内涵进行深入剖析，揭示其在历史文化传承中的重要地位和作用。
2. 补充文人志士生平事迹、传统习俗等方面的素材（这些素材应紧密围绕诗词歌赋，含有丰富的历史信息），从日常生活的角度出发，深入挖掘其中蕴含的历史细节。通过这样的方式，拉近与历史的距离，更加深入地理解和感受诗词歌赋所承载的丰富历史文化内涵。
3. 思考如何才能更好地发挥诗词歌赋在传承历史文化方面的独特作用，为弘扬中华优秀传统文化、推动社会主义文化繁荣贡献力量。
4. 设计一款融合历史与语文学科的“关键词连连看”小游戏。这款游戏旨在通过寓教于乐的方式，让学生在游戏过程中加深对历史与语文知识的理解和记忆，使学习过程更加生动有趣。</td></tr>
<tr><td rowspan="2">阶段任务 3：探寻诗词歌赋里的历史</td><td>时间</td><td>2024 年 3 月 29 日—5 月 31 日（8 课时）</td><td>地点</td><td>班级教室</td></tr>
<tr><td>教学流程和环节</td><td colspan="3">1. 分析不同历史时期的诗词歌赋，揭示其中蕴含的历史信息和文化内涵，梳理出古代史的发展脉络。
在历史的长河中，诗词歌赋以其独特的艺术形式和深刻的文化内涵，成为记录历史、传承文化的重要载体。从《诗经》的古朴纯真到唐诗的雄浑豪放，从宋词的清丽婉约到元曲的生动活泼，这些诗词歌赋中蕴含了丰富的历史信息和文化内涵，不仅展现了古代社会的风貌，而且反映了古代人民的思想情感和生活状态。以历史的教学重点内容为要旨，对不同历史时期的诗词歌赋进行梳理和分析，探究其中所反映的社会风貌、人民生活和思想情感等方面的内容，并分析历史背景、感知历史事件，从而梳理出中国古代史的发展脉络，提升史料实证、历史解释核心素养。
2. 理解诗词歌赋在传承历史文化方面的独特作用和价值，思考传承中华优秀传统文化的新思路、新方法。
诗词歌赋作为中国传统文化的重要组成部分，具有独特的艺术魅力和深刻的文化内涵。通过对诗词歌赋的深入研究，更好地理解其在传承历史文化方面的独特作用和价值，并思考传承和弘扬中华优秀传统文化的新思路和新方法。</td></tr>
</table>

续表

阶段任务 3：探寻诗词歌赋里的历史	时间	2024 年 3 月 29 日—5 月 31 日（8 课时）	地点	班级教室
	教学流程和环节	（1）根据个人兴趣，选择感兴趣的朝代或历史人物，制作人物立绘、文物模型等文创作品。 （2）在教师提供的“荆轲刺秦王”“鸿门宴”等主题中进行选择，或者自主确定主题，编写、排演历史短剧。小组分工合作，完成剧本编写、角色出演、场所设计、服装道具制作等任务，发挥所长，齐心协力完成任务。在此过程中，注意确保史实的正确性，并根据剧本需要，因时因地补充历史知识。通过创新的形式，提升对中华优秀传统文化的感知能力，涵养家国情怀。		
成果展示	时间	2024 年 6 月 7 日—6 月 14 日（2 课时）	地点	班级教室
	参与人员	项目组全体成员		
	教学流程和环节	1. 举办一个综合性的小型展览，集中展示学生精心制作的人物立绘、文物模型等文创作品。通过这些作品，呈现学生对历史文化的独特理解和致敬。 2. 为了营造沉浸式的学习体验，在展览的尾声，简单布置场地，演出与展览主题相关的历史短剧，使展览更加生动活泼。		
评价反馈	时间	2024 年 6 月 21 日（1 课时）	地点	班级教室
	参与人员	项目组全体成员		
	教学流程和环节	1. 复盘反思。教师鼓励学生深入交流并分享各自所学所得，以深化理解，巩固知识。 2. 合影留念。		

六、项目评价

“诗词歌赋里的历史”项目式学习评价方案见表 3-3-4，成果汇报评价量规见表 3-3-5。

表 3-3-4 “诗词歌赋里的历史”项目式学习评价方案

成果	教学目标	评价维度	评价者	评价时机
阶段成果 1：反映传统典籍演变的小报	1. 能梳理出传统典籍的演变历史。 2. 初步掌握传统典籍的阶段性特征。	1. 史实无误。 2. 图文并茂。 3.出自个人思考。	教师	形成性评价（本阶段实施过程中）
阶段成果 2：历史、语文学科“关键词连连看”小游戏	1. 通过游戏的形式，搭建历史学科与语文学科之间的桥梁，减少对新学科历史的陌生感。 2. 能认识到诗词歌赋是学习历史的重要史料类型之一。	1. “关键词连连看”小游戏的准确率。 2. 对历史与语文学科关系的认知程度。	教师	形成性评价（本阶段实施过程中）
阶段成果 3：文创作品、历史短剧	1. 提升史料实证、历史解释、家国情怀的核心素养。 2. 训练开放性思维，以学促知，以知促行，将所学所得投射到实际生活中。	1. 文创作品所承载的内容与客观史实的符合程度。 2. 对排演历史短剧的投入程度。	教师	形成性评价（本阶段实施过程中）
最终成果：一个综合性的小型展览	1. 借助博物馆展览的形式，提升组织与策划能力。 2. 将实践与学习相结合，提高实践能力。	对展览策划的热情程度。	教师	形成性评价（本阶段实施过程中）、终结性评价（本阶段结束后）

表 3-3-5 成果汇报评价量规

团队名称	内 容	汇报交流	倾 听	互 动	创 新	得分
	主题明确，设计合理，构图美观，可操作性强	观点阐述明确，汇报条理清楚，声音洪亮，大方得体	认真倾听，做好记录，及时评价	能够解答他人的提问，互动积极，小组相互配合	设计有特色	
第一组	☆☆☆☆☆	☆☆☆☆☆	☆☆☆☆☆	☆☆☆☆☆	☆☆☆☆☆	
第二组	☆☆☆☆☆	☆☆☆☆☆	☆☆☆☆☆	☆☆☆☆☆	☆☆☆☆☆	
第三组	☆☆☆☆☆	☆☆☆☆☆	☆☆☆☆☆	☆☆☆☆☆	☆☆☆☆☆	
第四组	☆☆☆☆☆	☆☆☆☆☆	☆☆☆☆☆	☆☆☆☆☆	☆☆☆☆☆	
第五组	☆☆☆☆☆	☆☆☆☆☆	☆☆☆☆☆	☆☆☆☆☆	☆☆☆☆☆	
第六组	☆☆☆☆☆	☆☆☆☆☆	☆☆☆☆☆	☆☆☆☆☆	☆☆☆☆☆	

实施案例

案例4 砥砺前行八十载，桃李芬芳谱华章

——从介休一中校史看社会变迁

田宇 王静

山西省介休市第二中学校

一、项目简介

学生读书的校园每年都在发生着变化。这些细微的变化在当时并不起眼，但是日积月累的改变深深影响着每一代介休市第一中学校（以下简称介休一中）的学子，而这一切的改变都与时代的发展密切相关。所以说，一所学校的发展史不仅记录了学校的发展历程，而且承载了时代的变迁。介休一中始建于1943年，与学生目前就读的介休市第二中学校（以下简称介休二中）的校园曾经有两个办学地点的重合（介休二中的新老校园都曾是介休一中的办学地点）。历史与现实的交织，引发了介休学子对学校发展历程的探究兴趣。本项目通过对介休一中发展历程的探究，结合《中国历史》八年级下册第7课“伟大的历史转折·中共十一届三中全会”、第8课“经济体制改革”、第9课“对外开放”、第19课“社会生活的变迁”、第20课“活动课：生活环境的巨大变化”等内容，以校史为依托，探究改革开放前后人民的衣、食、住、行、用等方面的变化，引导学生感受改革开放带来的巨大社会影响。基于以上内容，确定本次项目式学习活动的核心驱动问题为“如何以‘砥砺前行八十载，桃李芬芳谱华章’为主题举办介休一中建校80周年校史展览”。本项目历时7周，学生经历了驱动问题的确定、项目启动、调研探究、成果展示、回顾项目五个阶段。在活动过程中培养学生的问题意识、创新意识，以及合作探究、解决问题、从细节中发现历史信息、搜集与分辨信息等能力。本项目信息见表3-4-1。

表 3-4-1 项目信息卡

<table>
<tr><td rowspan="4">基本信息</td><td>项目名称</td><td>砥砺前行八十载，桃李芬芳谱华章——从介休一中校史看社会变迁</td></tr>
<tr><td>项目持续时间</td><td>2023 年 4 月 3 日—5 月 19 日（7 周）</td></tr>
<tr><td>核心驱动问题</td><td>如何以“砥砺前行八十载，桃李芬芳谱华章”为主题举办介休一中建校 80 周年校史展览?</td></tr>
<tr><td>学科</td><td>历史、语文、数学、信息科技、道德与法治</td></tr>
<tr><td rowspan="3">学生团队</td><td>项目年级</td><td>八年级</td></tr>
<tr><td>实施团队</td><td>八年级 427 班</td></tr>
<tr><td>参与人数</td><td>53 人</td></tr>
<tr><td rowspan="2">指导团队</td><td>项目设计</td><td>田宇、王静</td></tr>
<tr><td>指导教师</td><td>程云</td></tr>
</table>

二、项目依据

（一）现实依据

改革开放是中国历史上的一次伟大变革，是中国走向现代化的重要里程碑。自改革开放以来，中国在政治、经济、社会等各个领域都取得了巨大的进步，人民生活水平大幅提高。在国际上，我国成为世界第二大经济体和各领域的重要参与者。所以说改革开放是强国之路，是党和国家发展进步的活力源泉。随着改革开放的推进，教育领域也发生了大幅度的变化，教育资源、观念、体制、质量等都取得了长足的进步。介休一中有着悠久的历史，培养了大批优秀学子。20 世纪七八十年代，乘着改革开放的春风，介休一中的发展进入了新的篇章，从学校的发展以小见大，是探究社会变迁最好的实例。

2018 年，习近平总书记在庆祝改革开放 40 周年大会上的讲话中指出：“建立中国共产党、成立中华人民共和国、推进改革开放和中国特色社会主义事业，是五四运动以来我国发生的三大历史性事件，是近代以来实现中华民族伟大复兴的三大里程碑。”他特别指出："40年来，我们始终坚持在发展中保障和改善民生，全面推进幼有所育、学有所教、劳有所得、病有所医、老有所养、住有所居、弱有所扶，不断改善人民生活、增进人民福祉……教育事业全面发展，九年义务教育巩固率达93.8%。我国建成了包括养老、医疗、低保、住房在内的世界最大的社会保障体系……我国社会大局保持长期稳定，成为世界上最有安全感的国家之一……忍饥挨饿、缺吃少穿、生活困顿这些几千年来困扰我国人民的问题总体上一去不复返了！"全党全国各族人民要"将改革开放进行到底，不断实现人民对美好生活的向往"。2023年是改革开放45周年，在中国共产党的领导下，我们正朝着奋力开创中国特色社会主义事业新局面、实现中华民族伟大复兴的宏伟目标阔步前进。本项目的探究过程，不仅有利于学生对改革开放前后社会变迁的掌握和认知，能够提升学生的幸福感和对中国共产党的感恩之情，而且对于坚持中国特色社会主义道路、坚定"四个自信"、坚决做到"两个维护"，鼓舞学生为实现中华民族伟大复兴而奋斗，具有极大的现实意义。

（二）课标依据

首先，本项目的展开是对《义务教育历史课程标准（2022年版）》提出的课程理念的积极落实：立足学生核心素养发展，充分发挥历史课程的育人功能；树立以学生为主体的教学观念，注重学生自主探究的学习活动，鼓励教学方式的创新；综合运用多种评价方式和方法，发挥评价促进学习和改进教学的功能。

其次，本项目也对应《义务教育历史课程标准（2022年版）》在中国现代史课程内容要求中提出的"知道中共十一届三中全会，了解农村改革、城市改革、经济特区建设、沿海港口城市开放、上海浦东开发开放、加入世界贸易组织等史事，认识邓小平对改革开放所起的重要作用，认识改革开放对中国社会发展的重大意义"，在学业要求中提出的"能够通过改革开放以来中国在各个领域取得的成就、家乡的巨大变化和综合国力的不断提高，增强爱祖国、爱家乡的情感，培育和践行社会主义核心价值观，坚定中国特色社会主义道路自信、理论自信、制度自信和文化自信"，在教学提示中明确提出的"在教学中，教师要注意选取贴近社会、贴近生活、贴近学生的情境素材，以加深学生的情感体验和实际感受；要开发和利用多种多样的课程资源，如重要的会议文献、历史著述、口述材料、英模事迹、有重要意义的建筑和场所、反映社会生活变化的物品，以及图像影视材料等；要引导学生积极、主动地搜集和运用身边的学习资源”以及“开展口述史的学习活动，通过对家庭中的长辈进行访谈，搜集家庭的老照片和老物件，查阅相关的历史记载，形成口述史的材料集”，在跨学科主题学习之“在身边发现历史”中明确提出的“不仅要求学生对历史课程所学内容进行梳理，还要创新探究方式，要深入社区、走进家庭，将资料解读与实地调研结合起来，综合运用跨学科的知识和方法。学生从身边的生活着手，通过博物馆、街道、建筑、老照片、老物件、口述采访等，了解人们在衣、食、住、行、用等方面的变化，切身感受人民生活水平的提高，铸牢建设中国特色社会主义的理想信念”。

最后，本项目落实《义务教育语文课程标准（2022 年版）》中“能根据需要，用书面语言具体明确、文从字顺地表达自己的见闻、体验和想法”的目标要求，学生通过对采访对象的访谈、对访谈报告的分析与表述以及对校史的讲解，锻炼了书面表达与口头表达的能力。《义务教育数学课程标准（2022 年版）》提出了“体会数学知识之间、数学与其他学科之间、数学与生活之间的联系，在探索真实情境所蕴含的关系中，发现问题和提出问题，运用数学和其他学科的知识与方法分析问题和解决问题”的目标要求。学生从文献资料和相关文件中收集、整理、分析各时期国家、山西省、介休市的经济数据，并从中发现中国社会经济发展状况和教育发展情况，将数学和生活相联系的同时认识到国家政策对社会发展的影响。《义务教育道德与法治课程标准（2022 年版）》提出了“了解中国共产党领导人民解放思想、锐意进取，创造了改革开放和社会主义现代化建设的伟大成就，实现了人民生活从温饱不足到总体小康、奔向全面小康的历史性跨越，推进了中华民族从站起来到富起来的伟大飞跃，理解中国特色社会主义道路是指引中国发展繁荣的正确道路”的内容要求。学生通过探究改革开放前后人民的衣、食、住、行、用等方面的变化，体会到国家的发展和进步，增强了家国情怀和政治认同感。通过制作课件，达到了《义务教育信息科技课程标准（2022 年版）》中“根据任务要求，借助在线平台，与合作伙伴协作设计和创作作品”的学段目标，落实了“做中学”“用中学”“创中学”。通过参与项目，学生正确使用网络和操作各种电脑软件的能力得到很大的提升。

（三）教材依据

本项目的主要依据是《中国历史》八年级下册第六单元第 19 课“社会生活的变迁”的教材内容，第三单元中的中共十一届三中全会、经济体制改革、对外开放等史实，以及第 20 课“活动课：生活环境的巨大变化”的活动目的“通过调查所处生活环境的变化，了解改革开放的显著成就”。本项目以第 20 课的活动目的为依托，从社会层面的教育发展、环境变迁入手。学生以小组为单位，选择当地优质高中介休一中这个有着切身体会的研究对象，走访相关单位或个人，设计调查问卷，分析调查结果，撰写调查报告，交流调查成果。在项目式学习过程中，学生沉浸在深度学习之中，可以加深对改革开放以来生活、教育发生的深刻变化的了解，发现课堂教学和历史教材中没有涉及的历史信息。

学生利用各种形式的统计图表，对收集的经济数据等信息进行分析，需要用到《数学》（人民教育出版社出版）七年级下册第十章“数据的收集、整理与描述”中的知识。《道德与法治》九年级上册第一单元“富强与创新”指出：“在中国共产党的领导下，中华民族迎来了从站起来、富起来到强起来的伟大飞跃，走上一条民族复兴、强国富民的康庄大道”；“全面深化改革使中国特色社会主义事业蓬勃发展。改革是一场深刻的革命，让全体人民共享改革成果、实现共同富裕是党和政府对人民的庄严承诺”。该单元内容有助于学生在项目过程中深入感受改革开放带给人民生活的巨大变化。此外，调查问卷的设计、文献资料的归纳和整理，以及对办公软件、视频剪辑软件等的使用也需要运用语文和信息科技教材中的相关知识。

三、教学目标

（一）学科学业目标

（1）通过制作时间轴和思维导图等方式，将不同时段的社会状况置于正确的时间和空间之中；通过各类史料的辨别和运用，对不同时期的社会发展状况以及人民的衣、食、住、行、用等方面的表现进行简要说明，表达自己的认识，表现出正确的价值判断；结合学科素养，运用唯物史观对社会发展现象作出合理的解释和评价。

（2）通过寻访各时期介休一中的毕业生，搜集各时期的老照片、老物件，参观老校园等，并对搜集的信息进行整理分析，归纳各时期介休一中的发展特点和学生衣、食、住、行、用的特点，从而归纳出该时期我国的社会发展状况和人民生活情况，同时结合搜集的会议文献分析表现背后的原因。

通过对家庭中曾在介休一中学习、工作过的长辈进行访谈，搜集家庭老照片和老物件，查阅相关的历史记载和政府发布的经济数据，形成认识。

（3）通过探究归纳出介休一中的快速发展同改革开放和科学技术、社会经济迅速发展以及人民可支配收入增加有密切联系，认识并理解“生产力决定生产关系”等历史唯物主义基本原理，涵养唯物史观。

（二）核心素养目标

本次项目式学习旨在积极落实《义务教育历史课程标准（2022 年版）》提出的历史学科五大核心素养，即唯物史观、时空观念、史料实证、历史解释、家国情怀。

（1）通过本次项目式学习，理解“生产力决定生产关系”等历史唯物主义基本原理，涵养唯物史观。

（2）通过研究介休一中八十余载发展历程并按年代分组，对这个时间段内的重大历史事件形成深刻记忆，形成时空观念。

（3）通过对涉及的口述资料、文字材料、实物史料进行合理的筛选、辨析和考证，学会运用这些材料探究和分析影响介休一中发展的因素，并将相关经验迁移应用于解决其他同类问题。在这个过程中，提升史料实证、历史解释等核心素养。

（4）通过本次项目式学习，感悟时代的巨变影响自己及身边普通人的生活，提升幸福感和对中国共产党的感恩之情，增强中国特色社会主义道路自信、理论自信、制度自信、文化自信，激发学习和奋斗热情，涵养家国情怀。

（三）项目成果目标

举办以“砥砺前行八十载，桃李芬芳谱华章”为主题的介休一中建校 80 周年校史展览，对介休一中进行宣传。

四、驱动问题

本项目的核心驱动问题为“如何以‘砥砺前行八十载，桃李芬芳谱华章’为主题举办介休一中建校80周年校史展览”，具体分解见表3-4-2。

表3-4-2 驱动问题及成果

核心驱动问题	分解驱动问题	阶段任务	阶段成果	最终成果
如何以“砥砺前行八十载，桃李芬芳谱华章”为主题举办介休一中建校80周年校史展览？	如何搜集并分析身边关于介休一中发展历程的信息？	1. 对家庭中曾在介休一中学习、工作过的长辈进行访谈，搜集有关介休一中发展历程的信息，撰写人物访谈报告。 2. 分析搜集的信息，撰写分析报告。	人物访谈报告、分析报告	校史展览
	介休一中各阶段发展特点与社会发展状况之间有哪些内在联系？	探究介休一中的阶段特点与社会发展状况之间的联系，撰写探究报告。	探究报告	
	如何举办介休一中校史展览？	举办以“砥砺前行八十载，桃李芬芳谱华章”为主题的介休一中建校80周年校史展览。	为校史展览制作的展牌	

五、项目实施

（一）入项活动

如何举办以“砥砺前行八十载，桃李芬芳谱华章”为主题的介休一中建校80周年校史展览？

持续时间：2023年4月3日（1课时）。

教学活动：

（1）教师播放北京大学校史馆参观解说视频。

提问：视频中介绍了北京大学的校史馆展览，它由哪些部分组成？

学生思考并回答。

教师总结：校史不仅记录了学校的发展历程，还承载着时代变迁。

（2）教师提出驱动性任务：举办以“砥砺前行八十载，桃李芬芳谱华章”为主题的介休一中建校 80 周年校史展览。

①介休一中初了解。

教师引导学生讨论：我们介休一中有着悠久的历史，培养了大批优秀学子。如果仿照北京大学的校史馆展览，为介休一中承办校史展览，你觉得可以从哪些方面准备？

简单介绍：介休一中始建于 1943 年，曾三度迁址。现介休二中的办学地点和原校址（现绵山书院）都曾是介休一中的校址。

②介休一中发展信息来源。

教师引导学生讨论：筹备介休一中建校 80 周年校史展览，你可以从哪些渠道获取信息？

学生思考并回答：网络搜索，实地探访校园，寻访介休一中发展的亲历者（毕业生、教师及其他工作人员等），搜集当年的照片、当年用过的物品等。

③你打算从哪些方面进行人物访谈？

教师引导学生讨论，学生思考并回答。

教师进行样表分析（见表 3-4-3），对学生进行访谈指导。

（3）介休一中已走过八十载历程，跨越改革开放前后，发生了哪些翻天覆地的变化？

教师指导学生按照访谈对象的毕业年代（四大板块）分组，组建团队，分别执行相关年代的人物访谈任务。

学生讨论团队成员、具体分工等。

第一组、第二组：访谈对象毕业于 20 世纪 70 年代及之前。

第三组：访谈对象毕业于 20 世纪 80—90 年代。

第四组：访谈对象毕业于 2000—2009 年。

第五组：访谈对象毕业于 2010—2022 年。

表 3-4-3 访谈记录表（样例）

受访者姓名		性别		年龄		职业	
采访者		采访时间			采访地点		
访谈目的							
访谈纪要	1. 升学进入介休一中的方式、时间，当时的办学地点。 2. 每天上学的方式、衣着（是否有校服）、三餐。 3. 每天上学、放学的时间。 4. 一周的学习课程安排。 5. 每学期对自己学业的要求。 6. 描述教室的布置。 7. 描述校园环境或校园建筑。 8. 走读生，说说家居环境。 9. 住宿生，说说宿舍环境和生活费。 10. 是否有零花钱，具体数额是多少。 11. 高中毕业后升学的方式。 12. 在介休一中学习期间印象最深刻的人、事、物。 13. 介休一中的求学经历对人生的影响。						
访谈感受							

第六组：搜集介休一中校史的相关资料，如老照片、老校报，以及校址变化、教师人数变化、学生人数变化、教师学历变化、基础设施变化等信息，用以补充以上五组访谈中的不足。

（二）分解驱动问题 1

如何搜集并分析身边关于介休一中发展历程的信息？

持续时间：2023 年 4 月 4 日—4 月 23 日（3 周）。

教学活动：

（1）发布活动任务，形成项目小组。

项目启动：分小组分阶段了解介休一中的发展状况，归纳介休一中的校园和基础设施、学生个人、社会、城市的发展特点，以及人民衣、食、住、行、用的时代特点。

（2）小组分工合作，搜集所需资料。

①完成介休一中相关时代人物的访谈。

②搜集具有时代特点的老照片（如学校的相关照片、城市地标的照片等）。

③搜集具有时代特点的老物件（如结婚三大件，布票、粮票，旧版人民币等）。

④走访具有时代特色的老建筑（如介休市印染厂小区的筒子楼）。

（3）撰写分析报告，分工合作完成任务。

①根据所搜集的资料撰写分析报告。

要求：归纳出每个方面的时代特点（如衣、食、住、行、用、教室基础配置等），通过时间轴和思维导图等形式呈现，图文并茂，史论结合，有理有据。

②明确任务分工（见表 3-4-4）并认真完成任务。

（4）展示分析报告，在纵向对比中感受时代变迁。

各组展示，利用时间轴和思维导图等介绍不同时期介休一中的学校、学生特点折射出的介休城市面貌、介休人民的生产生活状况，在纵向对比中感受时代变迁。

设计思路：

选取学生感兴趣且与学生生活密切相关的话题开展项目式学习，利用学生现在就读的介休二中与介休一中的联系，激起学生的好奇心，激发其探究心理。通过设置以“砥砺前行八十载，桃李芬芳谱华章”为主题的介休一中建校 80 周年校史展览的情境，引导学生搜集相关信息，从身边获取文字史料、口述历史信息、实物史料等并对信息加以整合归纳，得出时代发展特征，在此过程中培养学生的时空观念和史料实证等核心素养。

表 3-4-4 分解驱动问题 1 项目任务分工表（样例）

<table>
<tr><td colspan="2">项目名称</td><td colspan="3">砥砺前行八十载，桃李芬芳谱华章——从介休一中校史看社会变迁</td></tr>
<tr><td colspan="2">相关事件</td><td colspan="3">改革开放</td></tr>
<tr><td colspan="2">组名</td><td colspan="3"></td></tr>
<tr><td colspan="2" rowspan="3">组内分工</td><td>组长</td><td colspan="2"></td></tr>
<tr><td>副组长</td><td colspan="2"></td></tr>
<tr><td>过程性资料搜集</td><td colspan="2"></td></tr>
<tr><td colspan="4">任务</td><td>执行者</td></tr>
<tr><td>1</td><td colspan="3">人物访谈</td><td></td></tr>
<tr><td rowspan="10">2</td><td rowspan="10">搜集老照片</td><td rowspan="3">与学校有关</td><td>方面一：</td><td></td></tr>
<tr><td>方面二：</td><td></td></tr>
<tr><td>……</td><td></td></tr>
<tr><td rowspan="3">与城市有关</td><td>方面一：</td><td></td></tr>
<tr><td>方面二：</td><td></td></tr>
<tr><td>……</td><td></td></tr>
<tr><td rowspan="3">与人民生活有关</td><td>方面一：</td><td></td></tr>
<tr><td>方面二：</td><td></td></tr>
<tr><td>……</td><td></td></tr>
<tr><td>与＿＿＿＿＿有关</td><td>……</td><td></td></tr>
<tr><td rowspan="10">3</td><td rowspan="10">搜集老物件</td><td rowspan="3">与学校有关</td><td>方面一：</td><td></td></tr>
<tr><td>方面二：</td><td></td></tr>
<tr><td>……</td><td></td></tr>
<tr><td rowspan="3">与城市有关</td><td>方面一：</td><td></td></tr>
<tr><td>方面二：</td><td></td></tr>
<tr><td>……</td><td></td></tr>
<tr><td rowspan="3">与人民生活有关</td><td>方面一：</td><td></td></tr>
<tr><td>方面二：</td><td></td></tr>
<tr><td>……</td><td></td></tr>
<tr><td>与＿＿＿＿＿有关</td><td>……</td><td></td></tr>
<tr><td>4</td><td colspan="3">实地调研</td><td></td></tr>
<tr><td>5</td><td colspan="3">记录过程性资料</td><td></td></tr>
<tr><td>6</td><td colspan="2">通过访谈解读阶段特征（从细节中发现时代变迁，如学生日常衣着的颜色、款式，食物与营养的构成以及主要出行方式等）</td><td>因素一：学校建设
因素二：学生的学习
因素三：生活（衣、食、住、行、用）
因素四：
因素五：
……</td><td></td></tr>
</table>

（三）分解驱动问题 2

介休一中各阶段发展特点与社会发展状况之间有哪些内在联系？

持续时间：2023 年 4 月 24 日—5 月 6 日（2 周）。

教学活动：

（1）搜集资料，分析介休一中各阶段发展特点与影响各阶段发展的因素。

①多渠道多角度搜集资料，分析不同时期社会发展状况（如国家政策、会议文献、经济发展水平、人民可支配收入）。

②分析介休一中各阶段发展特点与社会发展状况之间的内在联系。

③归纳影响介休一中发展的因素。

④明确任务分工（见表 3-4-5）并认真完成。

表 3-4-5　分解驱动问题 2 项目任务分工表（样例）

<table>
<tr><td colspan="2">项目名称</td><td colspan="3">砥砺前行八十载，桃李芬芳谱华章——从介休一中校史看社会变迁</td></tr>
<tr><td colspan="2">相关事件</td><td colspan="3">改革开放</td></tr>
<tr><td colspan="2">组名</td><td colspan="3"></td></tr>
<tr><td colspan="2" rowspan="3">组内分工</td><td>组长</td><td colspan="2"></td></tr>
<tr><td>副组长</td><td colspan="2"></td></tr>
<tr><td>过程性资料收集</td><td colspan="2"></td></tr>
<tr><td colspan="4">任务</td><td>执行者</td></tr>
<tr><td rowspan="9">1</td><td rowspan="9">搜集社会发展状况史料</td><td rowspan="3">国家政策</td><td>方面一：</td><td></td></tr>
<tr><td>方面二：</td><td></td></tr>
<tr><td>……</td><td></td></tr>
<tr><td rowspan="3">经济数据</td><td>方面一：</td><td></td></tr>
<tr><td>方面二：</td><td></td></tr>
<tr><td>……</td><td></td></tr>
<tr><td rowspan="3">其他</td><td>方面一：</td><td></td></tr>
<tr><td>方面二：</td><td></td></tr>
<tr><td>……</td><td></td></tr>
<tr><td rowspan="6">2</td><td rowspan="6">解读该阶段特征出现的原因</td><td colspan="2">因素一：学校建设</td><td></td></tr>
<tr><td colspan="2">因素二：学生的学习</td><td></td></tr>
<tr><td colspan="2">因素三：生活（衣、食、住、行、用）</td><td></td></tr>
<tr><td colspan="2">因素四：</td><td></td></tr>
<tr><td colspan="2">因素五：</td><td></td></tr>
<tr><td colspan="2">……</td><td></td></tr>
</table>

（2）展示探究报告，在横向联系中感受时代变迁。

各组展示探究报告，分析不同时期介休一中的阶段发展特点与社会发展状况之间的内在联系，学生及介休市民在衣、食、住、行、用等方面的阶段特点，在横向联系中感受时代变迁的具象化表现。归纳影响介休一中发展的因素，感受社会发展对教育的影响。

设计思路：

通过搜集经济数据、政策等史料，结合地理等学科知识分析介休一中发展的原因，引导学生“在身边发现历史”的同时，使学生了解重大历史事件如改革开放等对自己身边人物的影响，感受时代变迁，从而培养学生的求知欲，激发学生的学习兴趣。通过对史料的解读和解说文字的撰写，提高学生的写作水平和语言表达能力，培养学生的思辨能力以及唯物史观、史料实证、历史解释等核心素养。

（四）分解驱动问题3

如何举办介休一中校史展览？

持续时间：2023年5月8日—5月19日（2周）。

教学活动：

（1）小组分工合作，完成校史展览设计制作。

①讨论介休一中校史展览的初步设计。

②在此前分组的基础上，根据需要展示的内容重新划分小组。各组分板块承担校史展览的展牌制作和解说任务（见表3-4-6）。

表3-4-6 校史展览任务分工表（样例）

<table>
<tr><td rowspan="2">1</td><td colspan="2">主持人</td><td></td></tr>
<tr><td colspan="2">主持词</td><td></td></tr>
<tr><td rowspan="5">2</td><td rowspan="5">板块名称</td><td>资料搜集</td><td></td></tr>
<tr><td>展牌制作</td><td></td></tr>
<tr><td>解说人</td><td></td></tr>
<tr><td>解说词</td><td></td></tr>
<tr><td>其他</td><td></td></tr>
</table>

③小组分工完成校史展览的初步设计。

（2）小组讨论，完善校史展览。

组内讨论，根据讨论结果和邀请的其他组成员提出的建议进行修改，完善各阶段的校史展览设计。

（3）举办以“砥砺前行八十载，桃李芬芳谱华章”为主题的介休一中建校 80 周年校史展览。

举办校史展览，各组解说员从多个角度切入，向“参观者”介绍介休一中的发展历程和影响因素：从学校整体办学地点搬迁历史及师资发展到各阶段学校软硬件设施的现代化，从学校设施的优化到人民衣、食、住、行、用的改善，从国家、山西省、介休市的国民生产总值的增长到人民可支配收入的增加，等等。以此凸显介休一中的变迁是教育的发展，更是时代的变迁、社会的发展。

设计思路：

搭建展示平台，让学生走上演讲台展示最终成果。最终成果的制作能够培养学生的口头表达能力、书面写作能力、语言组织能力，提升学生的信息技术水平等。引导学生积极参与集体活动，深度学习，认识到改革开放是建设中国特色社会主义的必由之路，是推进各项事业发展的强大动力。鼓励学生认真学习，践行社会主义核心价值观，做新时代有担当的中学生，为中华民族伟大复兴贡献自己的力量，涵养家国情怀，从而充分发挥项目的育人功能。

六、项目评价

“砥砺前行八十载，桃李芬芳谱华章——从介休一中校史看社会变迁”项目式学习评价方案见表 3-4-7，成果汇报评价量规见表 3-4-8。

表 3-4-7 “砥砺前行八十载，桃李芬芳谱华章——从介休一中校史看社会变迁”项目式学习评价方案

评价项目	评价标准			评价主体		
	5 分	3~4 分	1~2 分	自评	他评	师评
总体结构	紧扣主题，结构完整；观点明确，层次清晰，逻辑严密。	主题较为明确，思想正面、积极；层次清晰，有一定的逻辑性。	主题不明确，但思想正面、积极。			
内容分析	史论结合、有理有据；内容翔实，图文并茂，解说细致且有感染力。	能做到史论结合，逻辑自洽；图文比例和谐，能对史料进行恰当的历史解释。	论据不充分，角度单一；能运用一定的图片和文字进行解说，无知识性错误。			
语言表达	表达清晰，有层次，用语规范，简明有力。	表达清晰，用语规范，语言流畅。	表达较为清晰，用语较为规范。			

表 3-4-8 成果汇报评价量规

评价项目		评价标准			评价主体		
		5 分	3~4 分	1~2 分	自评	他评	师评
展览	主题结构	主题鲜明，结构完整，各板块布局清晰。	主题较为鲜明，结构较完整，各板块布局有联系，但不清晰。	有主题，结构较完整，但各板块布局缺少联系。			
	内容形式	史论结合，有理有据，呈现方式多样，设计新颖美观。	能做到史论结合，逻辑自洽，设计简洁和谐，呈现方式单调。	论据不充分，角度单一，逻辑较混乱。			
现场解说		咬字清晰，声音洪亮；声情并茂，引发共鸣；脱稿演讲；着装干净、整洁、得体。	咬字不够清晰，但声音洪亮；半脱稿演讲；着装干净、整洁、得体。	咬字不够清晰，声音偏小；无法引发共鸣；读稿形式；着装得体。			

七、项目反思

（一）教师反思

在此次项目式学习中，学生的计算机操作水平、演示文稿的设计能力、利用计算机处理经济数据的能力，以及对老照片等的解读能力、语言组织能力等方面都超出了我的预期，令人惊喜。可以说，舞台有多大，学生的潜力就有多大。学生在活动中表现出来的合作精神值得表扬，搜集的信息相对全面。学生能利用自己身边的资源优势寻找更多的历史资料，还会利用政府门户网站、政府工作报告等进行经济数据的收集。但是由于时代原因和当时技术的限制，20 世纪五六十年代的资料搜集困难，能找到的资料较少。

介休一中校史展览是一个具有地方特色的项目式学习成果，在寻找资料的时候，遇到了一些困难，但是收获颇多，这也成为我教学生涯中的宝贵财富。学生也真正做到了深度参与、人人参与，对历史学习产生了浓厚的兴趣。

（二）学生反思

通过此次项目式学习，我认识到历史原来就在身边，尘封的照片中有着我所不知道的历史真实。奶奶家几十年没再用过的缝纫机原来也曾是婚礼的重要聘礼，为家庭做出过巨大贡献。在和祖辈、父辈的聊天中，我也感受到了不一样的童年的精彩和艰辛。随着了解的深入，我感受到了家人对我的爱。在和伙伴们的合作中，我看到了同学们各有所长，诸多课程的学习真的很有“用”。

附：项目参考资料

（1）历年《中国统计年鉴》。

（2）历年《山西统计年鉴》。

（3）历年《介休年鉴》。

（4）历年介休市政府工作报告。

（5）《介休市志》。

案例 5　设计三星堆博物馆青少年特色体验活动方案

李萍
四川省成都市七中育才学校

一、项目简介

博物馆青少年体验活动是发挥博物馆教育功能的重要载体，它让青少年在参与体验活动中感受博物馆的魅力和历史的厚度，进一步理解中华文明的源远流长和博大精深。然而，博物馆青少年体验活动是博物馆专家设计的，没有将体验活动与学校教育、国家课程紧密结合起来，博物馆的教育功能未能得到最大限度的发挥。于是，“设计什么样的青少年特色体验活动才能更好地发挥博物馆的教育功能”这一真实问题引发了我们的思考。基于《中国历史》七年级上册第 5 课“青铜器与甲骨文”的内容，同时结合近几年的社会热点“三星堆考古新发现”，让学生理解中华文明多元一体的特征，在探究创新的同时运用历史、语文、美术、数学、信息科技等多学科的知识与能力解决现实生活中的问题，我们确定本次项目式学习的主题为“设计三星堆博物馆青少年特色体验活动方案”，让学生在参观博物馆的过程中增进对文物和考古工作的了解，进而加深对古蜀文明的认识，增强对家乡的了解和热爱，真正理解中华文明多元一体的特征，达到传承历史文化、增强民族自豪感和文化自信的目的，促进学生在知识、情感、价值观等方面的全面发展。本项目信息见表 3-5-1。

表 3-5-1　项目信息卡

基本信息	项目名称	设计三星堆博物馆青少年特色体验活动方案
	项目持续时间	2022 年 11 月 1 日—12 月 9 日（6 周）
	核心驱动问题	设计什么样的体验活动才能让青少年更深刻地感受到三星堆青铜器的价值与魅力？
	学科	历史、语文、美术、数学、信息科技

续表

学生团队	项目年级	七年级
	实施团队	七年级 3 班
	参与人数	50 人
指导团队	项目设计	李萍
	指导教师	李萍、刘利文、刘奕

二、项目依据

（一）现实依据

2021 年三星堆考古新发现成为社会热点话题。三星堆遗址属于什么文明？为何三星堆考古新发现会引发社会各界的关注？三星堆考古新发现有何重要意义和价值？……解答这些现实问题，就必须将历史学习与现实探究有机联系起来，增强学生传承文化和参与公共事务的意识和能力。因此，本项目以三星堆考古新发现这一热点为切入点，引导学生解决社会生活的实际问题并理解中华文明多元一体的特征。

（二）课标依据

《义务教育历史课程标准（2022 年版）》指出，历史课程的目标是培养学生唯物史观、时空观念、史料实证、历史解释和家国情怀五大核心素养。本项目立足时空，运用史料，认识历史，理解大概念“中华文明多元一体”。通过项目式学习引导学生认识中华文明的历史价值和现实意义，使学生增强热爱家乡、热爱祖国的情感，增强民族自尊心、自信心和自豪感，形成唯物史观，涵养家国情怀。《义务教育历史课程标准（2022 年版）》在教学提示部分指出：学生在学习中国古代史的过程中，可通过中华文明探源工程等重大考古工程，认识中华文明的起源，可围绕“中华文明 5000 多年历史的起源”等综合性问题进行探究并展开讨论，强化国家认同、民族认同、文化认同；在跨学科主题学习中提倡项目式学习，形成研究性学习成果。

《义务教育语文课程标准（2022 年版）》指出，语文课程的目标是培养学生文化自信和语言运用、思维能力、审美创造四大核心素养。本项目联结学校内外，引导学生关心社会文化生活，积极参与社会活动，拓展语文运用领域。学生在生活情境中学语文、用语文，不仅有利于提高语言文字的运用能力，而且有利于增强文化自信和社会责任意识。

《义务教育艺术课程标准（2022 年版）》明确指出，艺术课程培养的核心素养包括审美感知、艺术表现、创意实践、文化理解。本项目的设计以三星堆文物为载体，通过三星堆文物的造型、纹样和色彩帮助学生理解不同地区、民族和国家的历史与文化传统，领会中华民族艺术精髓，学会尊重、理解和包容，增强民族自信心和自豪感。教师通过多种方式引导学生发挥想象力，运用媒介、技术和独特的艺术语言进行表达与交流，运用形象思维创作生动的艺术作品，提升艺术表现能力。

《义务教育数学课程标准（2022 年版）》指出，数学课程要培养学生抽象能力、运算能力、几何直观、空间观念、推理能力、数据观念、模型观念、应用意识及创新意识九大核心素养。本项目引领学生走入三星堆，在观察文物的过程中，用数学的眼光去观察世界，在真实情境中发现问题和提出问题，即“如何只用木棒和绳子将圆五等分”。学生通过独立思考、动手实践、自主探索、合作交流等学习方式，综合利用所学的成比例线段及图形的相似等知识探索发现如何五等分圆，体会应用数学的思想和方法，获得数学基本活动经验，逐步形成核心素养。本项目引导学生用数学思维思考现实世界，用数学语言表达现实世界，让学生意识到数学承载着思想和文化，是人类文明的重要组成部分，增强社会责任感，树立正确的世界观、人生观、价值观。

《义务教育信息科技课程标准（2022 年版）》指出，信息科技课程要培养学生信息意识、计算思维、数字化学习与创新、信息社会责任四大核心素养。此次项目式学习中，学生挖掘数据及其背后的价值，用计算机去解决问题，运用一些软件和平台辅助学习、生成学习成果等，能够涵养信息意识、计算思维和数字学习与创新的核心素养。

（三）教材依据

《中国历史》七年级上册第 5 课“青铜器与甲骨文”中的“青铜器”这一子目，以图文并茂的方式讲述了夏、商、周时期黄河流域的青铜器的种类与用途、铸造技术及典型器物。同时，教材也展示了长江流域的三星堆青铜面具。其意图是继续帮助学生理解教材第一单元的概述“黄河流域、长江流域和辽河流域的考古发现，证实中华文明的起源及发展具有多元一体的特征”。将课程内容结构化，把分散在各个单元的知识点放在知识结构中去重新定位其意义与价值，有助于学生理解中华文明多元一体的特征。

初中语文教材中的“口语交际”部分教授学生如何进行有效沟通和表达，“阅读理解”与“写作技巧”单元则帮助学生提升语言组织与表达能力。戏剧单元，如《枣儿》等戏剧作品，引导学生理解剧本结构、人物塑造及剧情推进，培养学生文学创作能力、想象力与创新能力、团队协作能力等。此次项目式学习与演讲技巧、说明文写作、文化常识等单元相关联。学生在介绍文创产品时，需要运用说明文写作技巧，同时展现对文化意义的理解。

人民教育出版社出版的《美术》七年级下册第五单元“平面设计的盛宴”、八年级上册第一单元“美术的主要表现手段”、八年级下册第二单元“纹样与生活”的内容与此次项目式学习密切相关，在设计文创产品、制作海报等环节需要运用相关知识。

北京师范大学出版社出版的《数学》七年级下册第五章第三节“简单的轴对称图形”中用尺规将线段平分、四等分、六等分问题，可以延伸到此次项目式学习中研究利用绳子和木棒将圆五等分的问题，通过化曲为直，转化为将线段五等分。九年级上册第三章“图形的相似”、下册第三章“圆”与完成线段五等分应具备的知识紧密相连。

《义务教育信息科技教学指南：互联网应用与创新》（七年级）要求学生“能够根据学习和交流的需要，使用互联网搜索、遴选、管理并贡献有价值的数据和资源，能够创建具有特色的作品”；“在‘互联网 +’情境中，体验在线学习、生活和交流的新模式，合理应用互联网提高学习与生活质量”。此次项目式学习将通过关联第一单元第 3 课“互联网影响新体验”和第五单元第 26 课“创意展示我家乡”等教学内容培养学生的核心素养。

三、教学目标

（一）学科学业目标

（1）通过对比三星堆青铜器和夏商时期其他地区青铜器的异同，知道三星堆青铜器的特点和价值，理解中华文明多元一体的特征。

（2）通过参观学习，知道考古遗迹和文物是了解历史的重要证据。

（3）能运用信息检索能力搜集资料，借助软件和平台统计调查结果、分析数据，挖掘数据背后的价值，解决问题并生成学习成果。

（4）能运用归纳概括和评价鉴赏、表达交流等能力设计调查问卷，完成研究报告，创作宣传语，推介项目成果等。

（5）知道黄金分割及其在现实生活中的应用和文化价值，能将圆五等分。能抽象文物中的基本图形，分析并刻画其位置关系和数量关系。在实践操作中发展空间观念，渗透数形结合的思想方法，用数学思想分析、解决实际问题。

（6）能运用图像识读、审美判断等能力解读青铜器上的造型、纹样特点，并设计一件具有三星堆文化元素的美术作品或文创产品。

（7）通过设计并验证体验活动的可行性和有效性，理解项目的设计规划步骤，以及资源整合、科学分工、调查统计等项目合作与实施方式，初步认识设计活动方案必须遵循内容决定形式这一方法论。

（二）核心素养目标

（1）在理解并用项目作品突出展示中华文明多元一体的过程中，涵养唯物史观、时空观念、史料实证、历史解释、家国情怀等历史学科核心素养。

（2）在问卷设计、小组交流、作品推介等活动中，涵养文化自信和语言运用、思维能力、审美创造等语文学科核心素养。

（3）在信息搜集、资料查阅、数据统计和分析、汇报演示文稿制作等实践活动中，涵养信息意识、计算思维、数字化学习与创新等信息科技学科核心素养。

（4）在抽象文物中的基本图形、分析并刻画其位置关系和数量关系的实践过程中，涵养数学眼光、数学语言、数学思维、几何直观等数学学科核心素养。

（5）在赏析文物造型纹样、创作文创产品、制作宣传海报的实践活动中，涵养审美感知、艺术表现、创意实践、文化理解等美术学科核心素养。

（6）通过对中华文明的进一步理解，增强人文积淀，涵养人文情怀和审美情趣，形成国家认同，从而增强人文底蕴和责任担当意识。

（7）在综合运用多学科知识和能力，发现社会需求、为社会服务，解决真实问题的过程中，强化科学探究精神，提升责任担当和实践创新的核心素养。

（三）项目成果目标

（1）探究三星堆青铜器的独特价值与魅力，完成“云”游三星堆前置学习卡片。

（2）调查青少年喜欢的博物馆体验活动的形式，形成调查问卷及数据统计分析报告。

（3）参观博物馆，挖掘不同的三星堆青铜器蕴含的独特价值与魅力，形成三星堆典型青铜器的价值与魅力的研究报告。

（4）设计三星堆博物馆青少年特色体验活动初步方案。

（5）论证方案的可行性，制作活动所需工具或道具，形成方案定稿及相应的文创产品等。

（6）完成成果展示、小组方案 PK、现场答辩，形成完整的汇报演示文稿和体验活动宣传海报。

四、驱动问题

本项目的核心驱动问题为“设计什么样的体验活动才能让青少年更深刻地感受到三星堆青铜器的价值与魅力”，具体分解见表 3-5-2。

表 3-5-2 驱动问题及成果

核心驱动问题	分解驱动问题	阶段任务	阶段成果	最终成果
设计什么样的体验活动才能让青少年更深刻地感受到三星堆青铜器的价值与魅力?	三星堆青铜器蕴含的独特价值与魅力是什么?	探究三星堆青铜器的独特价值与魅力。	“云”游三星堆前置学习卡片	三星堆博物馆青少年特色体验活动方案
	青少年喜欢什么形式的博物馆体验活动?	了解青少年喜欢的博物馆体验活动的形式。	调查问卷及数据统计分析报告	
	哪些典型文物能突出体现三星堆青铜器的价值与魅力?	挖掘不同的三星堆青铜器蕴含的独特价值和魅力。	三星堆典型青铜器的价值与魅力的研究报告	
	什么样的体验活动能让青少年更深刻地感悟三星堆青铜器的价值与魅力?	设计三星堆博物馆青少年特色体验活动初步方案。	三星堆博物馆青少年特色体验活动初步方案	
	这些体验活动能否顺利开展?这个活动方案是否具有可操作性?	论证方案的可行性,制作活动所需工具或道具,修订方案并形成定稿。	三星堆博物馆青少年特色体验活动方案及多样化的三星堆文创产品	
	活动方案还存在哪些不足?可以如何优化?	成果展示,小组方案PK,现场答辩,优化方案。	活动宣传海报、现场表演、汇报演示文稿	

五、项目实施

(一)入项活动

我能为进一步发挥博物馆在青少年教育方面的功能做些什么?

持续时间:2022 年 11 月 1 日—11 月 3 日(2 课时)。

教学活动:

(1)发现社会的真实需求,发布项目任务。

①引入问题。观看视频《三星堆博物馆公众服务部主管邹鹏的困惑》。

②发现问题。发现社会的真实需求：如何进一步发挥博物馆在青少年教育方面的功能？

③明确任务。基于真实问题，明确此次项目任务为“开发三星堆博物馆青少年特色体验活动”。

（2）根据项目任务，构建问题支架。

①提炼核心问题。明确完成任务需要解决的核心问题：设计什么样的体验活动才能让青少年更深刻地感受到三星堆青铜器的价值与魅力？

②构建子问题链。分解核心问题，形成子问题链。

设计思路：

让学生明确项目的由来是解决“真问题”，激发学生服务社会的热情。引导学生提炼、分解核心问题，构建问题支架，在学科核心知识与学生活动之间搭建思维的桥梁。

（二）分解驱动问题 1

三星堆青铜器蕴含的独特价值与魅力是什么？

持续时间：2022 年 11 月 4 日—11 月 7 日（2 课时）。

教学活动：

（1）回顾旧知，比较异同。

①回顾旧知。回顾、梳理历史课上学过的青铜器的基本知识。

②设计任务单。设计并完成前置学习任务单——“云”游三星堆前置学习卡片。

③比较异同，感知魅力。查阅资料，填写前置学习任务单，从铸造技术、器型特点、器物用途等方面比较三星堆青铜器和夏商时期其他地区青铜器的异同，初步感知三星堆青铜器的独特价值与魅力。

（2）分享成果，归纳总结。

①课堂交流，分享学习成果。

②理解大概念。通过异同点的比较，归纳三星堆青铜器的价值与魅力，理解大概念“中华文明多元一体”的含义。

设计思路：

学生通过“云”游三星堆初步了解三星堆博物馆及其主要藏品；通过对三星堆青铜

器与夏商时期地区青铜器异同点的比较，初步理解大概念“中华文明多元一体”。

（三）分解驱动问题 2

青少年喜欢什么形式的博物馆体验活动？

持续时间：2022 年 11 月 8 日—11 月 14 日（1 周）。

教学活动：

（1）设计调查问卷，制作调查表。

①根据活动需要，设计针对青少年的调查问卷。

②使用电脑制作调查表。

（2）开展调查，统计数据。

①分组分工完成三个校区的问卷调查。

②汇总统计各组调查数据。

（3）完成数据统计分析报告，制作汇报演示文稿。

①整理、分析数据，完成数据统计分析报告。

②制作汇报演示文稿，汇报调查成果。

（4）初步确定研究方向，自由组合项目小组。

①自主选择重点研究的青铜器，确定实践活动的方向。

②根据研究方向，自由组合项目小组（实践中分成了美术、数学、文史三个小组），明确博物馆参观学习的主要任务。

设计思路：

根据问卷调查结果撰写数据统计分析报告，为后续设计体验活动方案提供参考。

（四）分解驱动问题 3

哪些典型文物能突出体现三星堆青铜器的价值与魅力？

持续时间：2022 年 11 月 15 日（1 天）。

地点：三星堆博物馆。

教学活动：

（1）参观博物馆，学习研究，亲身体验。

①聆听讲解，了解文物，挖掘价值，确定符合自己小组研究方向的文物。

②小组分散活动，研究重点展品。

③在三星堆博物馆的体验活动场馆“三星堆玩国”中，亲身体验活动，发现问题。

（2）研学成果交流展示。

①填写《参观三星堆博物馆活动记录表》，组内交流，完善学习成果。

②班级集中交流，分享研学成果。

设计思路：

学生通过参观进一步了解自己感兴趣的三星堆青铜文物，深入挖掘其价值，并结合青少年的视角发现已有博物馆体验活动的不足，确定特色活动开发的目标。

（五）分解驱动问题 4

什么样的体验活动能让青少年更深刻地感悟三星堆青铜器的价值与魅力？

持续时间：2022 年 11 月 16 日—11 月 18 日（3 天）。

教学活动：

（1）头脑风暴，选择活动方式。

①美术、数学、文史三个小组分场地展开讨论，聚焦重点藏品，列举能够更好地呈现三星堆青铜器的价值与魅力的体验活动方式。

②初步筛选可行、有价值的活动方式。

（2）初步设计活动方案。

小组合作，将零散的体验活动形式合理组合并转化为完整的青少年特色体验活动的设计方案。

设计思路：

学生在深度交流探讨中，深刻理解三星堆青铜器的重要价值之一就是体现了古蜀文明的独特性和中华文明的多元一体性。

（六）分解驱动问题 5

这些体验活动能否顺利开展？这个活动方案是否具有可操作性？

持续时间：2022 年 11 月 19 日—12 月 2 日（2 周）。

教学活动：

（1）实践论证体验活动方案的可行性。

①组内分工，发挥所长，分头行动。

②查阅资料，完成绘画、创编等体验活动初稿。

③购买所需耗材。

④制作体验活动所需工具、道具等。

⑤编排展示类体验活动。

⑥论证、筛选并确定有价值、可操作的体验活动。

（2）修订完善最终的活动方案。

①分组分场地对体验活动进行交流展示、解读说明。

②小组成员参与组内各项体验活动。

③形成完整的、科学的、可行的活动方案。

设计思路：

学生在实践创作中提升动手能力，初步体会活动形式取决于体现的内容。

（七）分解驱动问题 6

活动方案还存在哪些不足？可以如何优化？

持续时间：2022 年 12 月 3 日—12 月 9 日（1 周）。

教学活动：

（1）复盘反思，完成并完善汇报演示文稿。

①各组集中复盘反思。

②小组分工，整理需要展示的内容。

③完成汇报演示文稿的初稿。

④组内进行修改、完善。

（2）现场制作体验活动宣传海报，展示成果，相互体验其他组的特色活动。

①各组现场制作体验活动宣传海报，创作宣传语。

②各组展示搜集资料、撰写调研报告、取得成果过程中的困难与解决办法以及最终

的特色体验活动方案。

③各组相互体验其他组的特色体验活动，发现优点和不足。

（3）各组相互提问、答辩。

①其他小组提问，本组成员答辩。

②对自己或他人的方案提出可行的优化建议。

（4）教师、家长及博物馆专家从不同角度点评学生设计的活动方案。

设计思路：

从不同角度对学生的成果、成长予以肯定，进一步强化课程给学生带来的学业、能力、情感及素养等方面的提升。

六、项目评价

“设计三星堆博物馆青少年特色体验活动方案”项目式学习评价方案见表 3-5-3，评价量表见表 3-5-4。

表 3-5-3 “设计三星堆博物馆青少年特色体验活动方案”项目式学习评价方案

主要产品 / 表现	知识 / 能力目标	证据	评价方式	评价时机
“云”游三星堆前置学习卡片	1. 能运用信息检索的能力，并依据时间顺序和空间要素，搜集、筛选青铜器物。 2. 能运用语言概括等能力完成前置学习卡片。	前置学习卡片能从造型、作用、材质、纹饰等方面比较不同地区青铜器的异同。	教师及时反馈、优秀学习卡片展示	形成性评价（本阶段实施过程中）
数据统计分析报告	1. 能运用统计的相关知识将对调查的类别进行统计、汇总、解读。 2. 报告的格式正确无误。	报告项目齐全，格式正确，解读无误。	班级集中汇报、教师及时反馈	形成性评价（本阶段实施过程中）

续表

主要产品 / 表现	知识 / 能力目标	证据	评价方式	评价时机
三星堆典型青铜器的价值与魅力的研究报告	1. 结合典型文物，探究其特点与魅力。 2. 聚焦该文物体现中华文明多元一体的具体表现，各小组找准解决问题的切入点。	研究报告全面正确，无知识性错误。	教师及时反馈、优秀报告评选及展示	形成性评价（本阶段实施过程中）
多样化的三星堆文创产品	1. 文创产品美观且有实际使用价值。 2. 文创产品能突出体现三星堆典型青铜器物的特色。	文创产品的美观性、实用性、完整度。	评价量表、优秀作品展示	形成性评价（本阶段实施过程中）、终结性评价（本阶段结束后）
三星堆博物馆青少年特色体验活动方案	感受针对具体问题提出设计思路、制定简单的方案解决问题的过程。	活动方案的完整度、科学性、有效性、安全性、可操作性。	评价量表、优秀活动方案评选及展示	形成性评价（本阶段实施过程中）、终结性评价（本阶段结束后）
汇报演示文稿	1. 能运用信息技术，将项目实施过程记录完整。 2. 交流过程中，语言简练有条理。	演示文稿制作美观，能清晰记录项目全过程。	评价量表、教师及时反馈	形成性评价（本阶段实施过程中）、终结性评价（本阶段结束后）
活动宣传海报	1. 能综合运用美术、语文等方面的能力，对本组特色体验活动进行简短、准确、清晰的宣传和推介。 2. 宣传语言精练，突出活动特点，有吸引力。	海报制作完整、美观，宣传语言精练、精彩。	班级集中展示、教师及时反馈	形成性评价（本阶段实施过程中）、终结性评价（本阶段结束后）

表 3-5-4 “设计三星堆博物馆青少年特色体验活动方案”项目式学习评价量表

评价维度		评价内容	分值	自评	小组	教师	家长
汇报展示	描述	对三星堆博物馆及其展品进行深入了解，有完整详细的研究思路。	6				
	分析	分析研究过程中出现的困难和瓶颈，思考如何克服；分析探究过程的成功之处和遗憾（不足）之处。	6				
	解释	解释项目作品所体现的文物价值，解释小组发现问题、解决问题的过程。	6				
	评价	结合研究全过程，客观评价并说明理由。	7				
团队合作	研究	搜集资料，进行比较研究，能总结和概括。	8				
	创作	强调创意思维，有计划、有方案地落实创意。	8				
	参与度	完成作品过程中，小组成员全员参与，无包办或无所事事的现象。	9				
学习态度	主动献计献策，参与每一次小组活动，完成小组任务。		5				
	仔细观察，思考问题。		5				
	仔细记录，完整保存资料。		5				
	多途径认真查找相关资料。		5				
	遇到困难时积极寻求解决办法。		5				
探究能力	在研究中能发现问题。		9				
	积极思考解决问题的方法。		9				
	重视小组交流，能表达自己的主张、认识、成果、意见。		7				
总 分							
反思：							

七、项目反思

（一）教师反思

项目式学习是学科整合、五育融合、培育全人的必由之路。此次学习活动体现了项目式学习的突出价值。

1. 亮点与特色

一是目标达成度高。在核心问题的驱动下，充分利用博物馆资源，较好地达成了此次项目式学习的预期目标，培养了学生的核心素养，促进了学生的全面发展。

二是体现了“整合”的思想。课程较好地整合了校内外教学资源，整合了基础课程中的多个学科教学内容，实现了书本知识与实践活动的有机融合，有助于全面提升学生综合探究能力。学生在项目式学习中，更深刻地感受了古蜀文明的独特性和中华文明多元一体的特征，情感逐步升华，最终爱上博物馆、爱上天府文化、爱上家乡成都，增强了文化自信。

三是师生获得感强。学生在小组合作探究中实现了自我成长；教师通过设计、组织本次项目式学习活动，提升了教育教学水平，获得了专业成长。

总之，活动以学生探究三星堆文物的价值与特点为主要内容，以项目式学习为途径，多维度深层次探究古蜀青铜文明的艺术性、地域性、独特性，最终形成对中华文明多元一体特征的认识和理解。

2. 不足之处

教师在活动中还不敢完全放手让学生大胆探究一些未知的领域，如三星堆青铜器的磷含量比其他地区的青铜器高的原因。教师担心由于学生知识不足、学校设备不全等，难以得出相对成熟的项目成果，劝阻学生放弃了他们最初的想法。在尊重学生主体地位、培养学生创新意识方面，教师还应该进一步解放思想。

（二）学生反思

生 1：此次活动让我感受到古蜀文明的魅力，作为四川人，我非常骄傲。我也更深刻地感受到了中华文明的源远流长，璀璨夺目，尤其是理解了中华文明多元一体的特征。作为中国人，我感到无比自豪。这次活动让我更加明白，学习并不仅仅在书本之内，走出去开开眼、动动手也是非常重要的学习方式，而且我非常喜欢这样的方式。

生 2：这次活动让我的交流沟通能力以及领导能力大大提升。我是文史小组的组长，我们这组人数最多。虽然人多力量大，但是人多想法也多，分歧也大。在活动过程中，经常会出现意见不统一的情况，甚至会出现矛盾，因此我需要不断发挥“磨心”作用，调和矛盾，把大家拧在一起，始终聚焦任务，求同存异，团结合作。很多同学和我一样，认识到平等的交流沟通是解决冲突和矛盾的最好办法。通过这次活动，大家的集体观念也得到了强化。

生 3：上初中之后，我和父母关系变得有点冷淡，总觉得无话可说。在此次活动中，我承担了话剧表演的“青铜神鸟”道具制作任务，始终塑造得不像，用胶泥捏制出来上色，一看就很假。我就想到向爸爸求助。最后是爸爸带着我一起动手尝试，挑选了很多材质和工艺，最后用烧制黏土再上色的方式制作出了仿真道具。在这个过程中，我和爸爸经常交流和讨论，关系更融洽了，这是我最大的收获。

案例 6 赴一场宋人的约会——走近苏轼

李皎乐 车秋虹 钟行龙
北京市三帆中学

一、项目简介

中华优秀传统文化是我们中华儿女薪火传承的血脉根基，传承和弘扬中华优秀传统文化也是义务教育阶段许多学科教学的重要使命。中华优秀传统文化的重要载体就是先贤志士，学习和认识这些先贤志士的过程有助于学生了解、体悟和认同中华优秀传统文化，进而在日常学习与生活中弘扬中华优秀传统文化。因此，本项目旨在充分调动学生的积极性，从学生视角开展项目式学习活动，提升学生对中华优秀传统文化的认识和认同，并开展活动弘扬中华优秀传统文化。本项目信息见表 3-6-1。

表 3-6-1 项目信息卡

基本信息	项目名称	赴一场宋人的约会——走近苏轼
	项目持续时间	2021 年 10 月 11 日—11 月 5 日（4 周）
	核心驱动问题	如何在校园内为苏轼策划展览？
	学科	历史、语文、艺术
学生团队	项目年级	七年级
	实施团队	七年级 3 班
	参与人数	42 人
指导团队	项目设计	李皎乐、车秋虹、钟行龙
	指导教师	陈化锋、殷寒君

二、项目依据

（一）现实依据

2016 年我国发布了《中国学生发展核心素养》，以培养“全面发展的人”为核心，建立了包括文化基础、自主发展、社会参与三个方面、六大素养和十八个基本要点的核心素养框架。在“文化基础—人文底蕴—人文积淀”要点当中，强调学生应“具有古今中外人文领域基本知识和成果的积累；能理解和掌握人文思想中所蕴含的认识方法和实践方法等”。

2020 年 1 月，教育部考试中心正式颁布了《中国高考评价体系》及其说明，这标志着我国高考命题已经从传统的知识立意、能力立意的评价向价值引领、素养导向、能力为重、知识为基的综合评价转变，学生必须提升自己的学科素养和跨学科素养，学校教育引导学生的关注点应从解题向解决问题转变，从做题向做人做事转变，走向深度学习。

面对现实需求，项目式学习是推动深度学习的必由之路。项目式学习通过引导学生在真实情境中发现问题、解决问题，探究并体验包括各学科知识在内的外部世界，进而保持对外部世界的内在兴趣，有热情和创意地生活。在自主且持续不断的探究中，学生不断透过问题的情境看到问题的本质，并且在实际问题的解决中调动各学科的知识与能力，进而形成可迁移的思维方法，提升问题解决能力，持续且创造性地解决真实情境中的问题。同时，在项目式学习中，学生需学会与同伴、教师合作，通过自评和他评不断反思，加深对自我的认识并完善与他人及外在环境的关系，在解决问题中养成正确价值观、必备品格和关键能力。

（二）课标依据

2022 年颁布的课程标准强调，要充分发挥跨学科学习的整体育人优势，增强跨学科学习的计划性和目标意识；要引导学生在广阔的学习和生活情境中学习，提高交流沟通、团队协作和实践创新的能力；要拓展学习资源，增强跨学科学习的综合性和开放性，进一步发展学生的核心素养。各学科的课程标准中均提及了学科核心素养，作为一种解决真实问题的能力，核心素养本身就具有整体性、综合性、跨学科性，如历史、语文、艺术学科核心素养提及“家国情怀”“思维能力”“审美感知”“文化理解”等，这些并不是某单一学科的素养的要求，而是各学科兼有的。跨学科学习是培养学生核心素养能力和创造力的基本学习方式。但是跨学科不能为“跨”而“跨”，机械拼盘，而要基于真实问题、真实任务的需要，帮助学生运用学科思维解决问题、完成任务，由此自然而然地实现学科与生活情境的融合、不同学科之间的合作。因此，新课标也提倡跨学科主题学习活动，提倡项目式学习，要求形成研究性学习成果。

《义务教育历史课程标准（2022 年版）》《义务教育语文课程标准（2022 年版）》《义务教育艺术课程标准（2022 年版）》中均提及认同和弘扬中华优秀传统文化。七年级学生对历史人物非常感兴趣，而且对正面历史人物的学习可以更好地立德树人，为学生树立学习的榜样。前期对学生进行的学情调查发现，学生对宋代的苏轼、李清照、辛弃疾等人非常感兴趣，且 96% 的学生对苏轼很感兴趣。由此，我们确定了以苏轼为探究主题，开展跨学科项目式学习。

（三）教材依据

古往今来，苏轼一直备受世人推崇，在学生中人气也极高，学生对苏轼的坎坷经历略有耳闻，但是对“坎坷”的体会仅停留在字面意义上，没有深刻感受；并且学生普遍认为苏轼生来就是一个乐观豁达之人，这种认识将苏轼所经历的苦难看得太轻，是一种明显的标签化认识。前期学情调查的问卷显示，只有 7% 的学生认真读过苏轼的作品，绝大部分学生通过纪录片、公众号甚至是网络中的一些小文章去了解苏轼，这种碎片化的阅读带来的问题就是学生对苏轼认识的片面化。例如，在问卷调查中，有学生直接就给苏轼贴上了“保守派”的标签，理由是他看到有文章批评苏轼反对王安石变法。这种标签化和片面化的认识，成为教师在后续教学中需要重点解决的问题。

初中历史教材中涉及苏轼的内容不多，但对苏轼所处的时代——宋代，特别是宋代的时代特征、民族关系及经济发展着墨较多。宋代重文轻武，文人地位高，这是一个文化高度繁荣的时代；宋代的冗官冗兵冗费问题突出，多位皇帝寻求变革，这又是个变革的时代。如何将这些宏大的时代特征具象地呈现出来，引导学生深入认识宋朝，理解个人与时代的关系，成为教学的难题。

语文教材中涉及苏轼的内容有三处：《水调歌头·明月几时有》（九年级上册）、《江城子·密州出猎》（九年级下册）、《记承天寺夜游》（八年级上册）。其中《水调歌头·明月几时有》《江城子·密州出猎》是在密州时所作，此时还未经历黄州之困；《记承天寺夜游》则是被贬黄州第四年时所作。从这两首词、一篇文中，学生只能对苏轼有初步的感知。为什么他是豪放派的代表？为什么王国维评价同是豪放派词人的苏轼和辛弃疾，“东坡之词旷，稼轩之词豪”？“旷”和“豪”有什么区别？这些问题，仅从这三首作品中很难得到解答。即使能读出苏轼作品的真味，对于刻在中国人骨子里的文化认识——苏轼旷达乐观——也很难真正体会得到。所以学生学习的片面化、标签化现象特别明显。因此，理解苏轼为什么是“旷达”的，就成为教学的重点。

三、教学目标

（一）学科学业目标

（1）知道苏轼所处的时代与人生经历，了解苏轼的文学及艺术代表作。

（2）分析苏轼在黄州完成精神突围的原因，理解时代对历史人物造成的巨大影响。

（3）学习苏轼在面对无法回避的人生动荡和挫折时依旧可以保持的积极乐观、豁达坦荡的心态。

（4）初步掌握认识历史人物的基本方法。

（二）核心素养目标

（1）通过研习史料、识读地图，认识时代对苏轼个人命运的影响，理解时代与苏轼完成个人突围的关系，提升史料实证、时空观念等核心素养。

（2）通过研习苏轼文学作品、生活随笔、与友人的书信，体悟苏轼的才气和性格对他的命运的影响，体会他在绝境中突围的精神，提升思维能力、审美感知、文化理解等核心素养。

（3）通过赏析苏轼的书法和绘画作品，体会苏轼个人心境在艺术作品中的呈现，提升文化理解等核心素养。

（三）项目成果目标

（1）通过学习展览设计基本方法与流程，讨论展览板块，初步形成策展方案。

（2）通过查阅、赏析苏轼的书法和绘画作品，选择展出的苏轼艺术作品并撰写展览词。

（3）通过查阅、研习苏轼的文学作品，选择最能体现苏轼心境变化的文学作品并撰写展览词。

（4）通过学习苏轼所处时代的相关知识，理解时代与苏轼个人的密切联系，确定展览主题并撰写展览前言与结语。

（5）小组分别分享策展的版面设计，教师引导并提出修改建议，学生投票选择，形成最终策展方案。

四、驱动问题

本项目的核心驱动问题为“如何在校园内为苏轼策划展览”，具体分解见表 3-6-2。

表 3-6-2　驱动问题及成果

核心驱动问题	分解驱动问题	阶段任务	阶段成果	最终成果
如何在校园内为苏轼策划展览?	办展览的一般流程是什么?	1. 分享搜集的策展基本流程相关资料，介绍苏轼其人以及文学、绘画、书法代表作等。 2. 探究苏轼人生经历并聚焦黄州。 3. 分组搜集苏轼在黄州时期的文学、艺术作品并制作演示文稿。	分组汇报苏轼文学、艺术代表作的演示文稿	“我为苏轼办展览”策展方案
	本次展览选取哪些展品?	1. 分享本组推荐的苏轼文学、绘画、书法作品，并结合作品说出推荐理由。 2. 赏析、临摹苏轼绘画和书法作品，感知苏轼心境。 3. 分析苏轼文学作品，探究苏轼经历的苦难和完成精神突围的过程。 4. 小组选出最能体现苏轼黄州经历的文学、艺术作品。	苏轼在黄州的文学、艺术代表作	

续表

核心驱动问题	分解驱动问题	阶段任务	阶段成果	最终成果
	本次展览的主题是什么?	1. 分析史料，探究苏轼个人坎坷经历与时代的关系，理解时代赋予苏轼完成个人突围的力量，探究苏轼精神对今人的影响。 2. 回顾学习过程，梳理认识历史人物的思维方法。 3. 小组讨论确定展览主题，撰写展览前言与结语。 4. 小组形成策展方案草案。	展览主题、展览前言与结语、展览词、策展方案草案	
	本次展览的版面如何设计?	1. 小组修改并分享展览版面设计图。 2. 班级投票形成最终策展方案与展览版面设计图。	最终策展方案与展览版面设计图	

五、项目实施

（一）入项活动

在教学楼东厅策划苏轼展览，要做哪些准备？

持续时间：2021 年 10 月 11 日（1 课时）。

教学活动：

（1）教师设置情境：学校计划改造文化长廊，需重新布展，学生自主策划展览。

（2）教师进行学情问卷调查，推荐阅读书籍，简单介绍苏轼的时代背景。

（3）教师推荐学生先通过网络检索资料初识苏轼，再观看纪录片《苏东坡》对苏轼其人其事加深了解。最后，师生共读两本专著——林语堂《苏东坡传》和李一冰《苏东坡新传》，深入了解苏轼。

（4）学生讨论完成本次展览需准备的内容，包括如何策划展览，苏轼其人，苏轼的文学、艺术代表作等。

（5）学生自主结组，结合讨论出的本次展览需准备的内容，分工合作完成任务并制作汇报演示文稿。

第一组：查找如何策划展览的资料。

第二组：查找苏轼其人相关资料。

第三组：查找苏轼文学代表作。

第四组：查找苏轼绘画代表作。

第五组：查找苏轼书法代表作。

设计思路：

通过真实问题情境下的驱动性任务，提升学生的探究趣味性，调动学生的主动性和积极性。同时，这个驱动性任务还具有一定挑战性，学生将任务逐步分解：明确应如何策划展览；调动历史、语文、艺术等学科知识与能力，搜集、阅读、归纳整理相关资料；制作演示文稿进行分享。

（二）分解驱动问题 1

办展览的一般流程是什么？

持续时间：2021 年 10 月 12 日—10 月 15 日（1 周）。

教学活动：

（1）学生以小组为单位上台分享课下搜集的成果，教师和其他学生进行评价。

第一组：以国家博物馆“百年巨变”展览为例，介绍策展基本流程。具体包括：确定展览主题、撰写展览前言、确定展览内容（分单元）、选取展品并撰写展览词、撰写展览结语进行主题升华。

第二组：介绍苏轼其人，分享课下搜集的苏轼坎坷一生的相关资料，以诗歌《自题金山画像》总结苏轼的一生。

第三组：介绍苏轼文学代表作，如诗词《饮湖上初晴后雨二首·其二》《惠崇春江晚景二首》《题西林壁》《水调歌头·明月几时有》《和子由渑池怀旧》《江城子·密州出猎》

《定风波·莫听穿林打叶声》等，文章《石钟山记》《赤壁赋》等，简单赏析后说明推荐理由。

第四组：介绍苏轼绘画代表作《潇湘竹石图》《枯木怪石图》等，简单赏析后说明推荐理由。

第五组：介绍苏轼书法代表作《黄州寒食帖》《江上帖》《治平帖》，重点推荐被誉为“天下第三行书”的《黄州寒食帖》。

（2）师生共同探讨，将展览重点聚焦为黄州时期的苏轼。

（3）学生再次分组搜集苏轼在黄州时期的文学、艺术作品，制作演示文稿，进行二次分享。

绘画组：查找苏轼绘画代表作。

书法组：查找苏轼书法代表作。

文学组：查找苏轼文学代表作。可分为两个小组进行。

设计思路：

引导学生通过小组合作自主学习了解策展的基本流程和苏轼的人生经历，梳理与苏轼有关的知识点，并初步形成办展的意识。重点聚焦黄州，深入了解苏轼，为后续策划黄州时期的苏轼展览做铺垫。在此过程中培养学生的小组合作能力、资料搜集和整理能力。

（三）分解驱动问题 2

本次展览选取哪些展品？

持续时间：2021 年 10 月 18 日—10 月 22 日（1 周）。

教学活动：

（1）绘画组、书法组学生汇报：介绍推荐的绘画、书法作品，并结合作品说出推荐理由。

（2）教师摹写《寒食帖》局部，引导学生通过赏析、临摹字体大小的变化、书写速度的快慢和笔画的拉长，感受苏轼书写《寒食帖》时情感的跌宕起伏与内心的悲凉，指出正是《寒食帖》中苏轼的这种真情流露，转瞬即逝不可复得，才使它被誉为“天下第三行书”。教师带领学生临摹《潇湘竹石图》中的双石依偎，双竹疏瘦、风中摇曳，通过对比其他画家作品和苏轼《潇湘竹石图》中竹子的姿态，引导学生感知苏轼在黄州时的心境之苦。

（3）教师提供原始资料《次韵孔毅父久旱已而甚两三首》《答李端叔书》《次韵前篇》《西江月·世事一场大梦》，指导学生阅读，并引导学生分析苏轼在黄州的苦体现在哪些方面。学生利用教师提供的原始资料，分析出苏轼在黄州的实际境遇：生计维艰的窘迫、劫后余生的紧张、亲朋疏远的孤独、时不我待的恐慌和功业难成的悲伤。

（4）文学组学生汇报：介绍推荐的艺术作品，并结合作品说明推荐理由。学生推荐的作品有《定风波·莫听穿林打叶声》《念奴娇·赤壁怀古》《临江仙·夜饮东坡醒复醉》和《猪肉颂》，指出这些作品展现了苏轼的洒脱、乐观和豁达。

（5）教师设问苏轼面对如此苦难是否一直能够乐观豁达，引导学生认识苏轼的乐观并非一蹴而就。提供苏轼在黄州时期的材料（包括苏轼作品及后人记载的苏轼事迹），如《东坡八首·叙》《雪堂记》《蓼花洲闲录》《海棠》《猪肉颂》《前赤壁赋》《答李端叔书》《寄鄂州朱使君寿昌》《与王定国书四十一首之十一》等，引导学生通过分析材料，探寻苏轼是如何从苦难中一步步走出来的：亲自劳作，解决生计；广泛交友，融入黄州；寻找乐趣，淋漓尽致；纵情自然，感悟道理；著书立说，不费光阴；自我反省，反求诸己；关怀他人，跳出小我。最终，苏轼在黄州完成精神突围，从天性乐观演变为自我超越后的品格乐观。

（6）教师提供苏轼在元丰五年（1082 年）的作品，清晰呈现苏轼的心路历程，引导学生认识苏轼的文人修养：

东坡——代表苏轼自耕自给的务实精神；

雪堂——代表苏轼勤奋著述的思想境界；

赤壁——代表苏轼超逸洒脱的文学风采。

理解苏轼的士子精神：跳出小我，心怀天下。

（7）学生小组讨论：从黄州时期的文学、艺术作品中，进一步选取最能反映苏轼黄州经历的作品，作为展品展出。

设计思路：

学生进行原典阅读，通过苏轼作品感受苏轼在黄州的心理状态，逐步感受苏轼的伟大之处——在深重的苦难中，如何一步步艰难突围；丰满对苏轼的认识，打破苏轼“乐观”的标签化认识，深入了解他精神突围的过程；体会苏轼作为人的伟大、超群之处，从苏轼身上汲取精神力量。

（四）分解驱动问题 3

本次展览的主题是什么？

持续时间：2021 年 10 月 25 日—10 月 29 日（1 周）。

教学活动：

（1）教师引导学生理解苏轼实现精神突围与时代的关系。从历史角度解释时代对文人命运的影响：宋朝多位皇帝尝试改革，这是一个变革的时代。被时代洪流裹挟的文人，命运本来就跌宕起伏，加之苏轼本身不随他人俯仰，所以他个人坎坷的命运就有了一定的历史必然性。但同时，时代也赋予了苏轼完成个人突围的力量。宋代重文轻武，文人地位高，文人自信心强，加上同时代的范仲淹、欧阳修等前辈身上的士子责任的示范，给了苏轼极大的鼓舞。即使身在黄州，苏轼仍表达了自己“此心耿耿，归于忧国”的赤子之心，这种士子的精神也是苏轼完成精神突围的重大助推力。

（2）学生自主探究苏轼对当今时代的影响。苏轼身上最能打动人的，不仅在于他是一个天生的乐观派，更在于他也是一个普通人，面对绝境也会悲伤、惶恐，但他从未言弃，在绝境之中不断自我突围，乐观成为他的精神底色，值得今天的我们敬仰和学习。他在词作《定风波·南海归赠王定国侍人寓娘》里所写的“此心安处是吾乡”，正是他在完成自我突围后的真实心态和精神的展现，也鼓舞着后人去努力克服逆境。

（3）师生共同梳理认识历史人物的方法。本次课认识苏轼的过程是以苏轼为圆心，从文学、艺术、生活这些具象的点入手，多角度了解苏轼，将苏轼置于黄州这个特定地域和北宋这个时代之中，领悟苏轼的精神，用这样的精神引领现在的我们。通过内容的呈现，梳理出认识历史人物的方法：先以多维视角认识人物，再把人物放到具体时空、地域去理解，学习人物的精神对今人的影响，以古鉴今。这个认识过程即视点—视界—视域。

（4）学生小组讨论，结合情境任务确定展览主题，撰写展览前言与结语，结合主题二次选取展品并撰写展览词，形成策展方案草案。

（5）教师布置课下小组活动任务：进行展览版式设计，制作演示文稿或绘制草图说明设计理念。

设计思路：

提升学生对苏轼的认识，使学生能够理解所有历史人物都是时代中的人，必然受到大的历史时代的影响。引导学生融合所学知识，联系学科，提炼出认识历史人物的方法。

（五）分解驱动问题 4

本次展览的版面如何设计？

持续时间：2021 年 11 月 1 日—11 月 5 日（1 周）。

教学活动：

（1）学生展出课下准备的展览版面设计图初稿并进行班级分享。

（2）教师讲授版面设计的基本原则、内容设计层次要求、内容排序及空间设计和平面设计等内容，学生据此对展览版面设计图初稿进行修改。

（3）学生小组分享修改后的展览版面设计图。

（4）教师组织班级投票，决定最终策展方案与展览版面设计图。

设计思路：

引导学生学习策展中的版面设计的基本方法，根据已学方法修改设计图初稿，学以致用，完成展览策划的最后一步。

六、项目评价

“赴一场宋人的约会——走近苏轼”项目式学习评价方案见表 3-6-3，成果汇报评价量规见表 3-6-4，策展方案评价量规见表 3-6-5。

表 3-6-3 “赴一场宋人的约会——走近苏轼”项目式学习评价方案

主要产品 / 表现	知识 / 能力目标	证据	评价方式	评价时机
小组汇报演示文稿	1. 能运用信息技术，将项目的实施过程记录完整。 2. 能对本组特色和涉及内容进行准确、清晰的介绍。 3. 汇报、交流过程中，语言简练有条理。	演示文稿制作完整、美观，能记录项目的全过程并展现组内成员的思考过程。	评价表、教师及时反馈	形成性评价（本阶段实施过程中）、终结性评价（本阶段结束后）
策展方案	1. 展览主题明确。 2. 不同板块间关系清晰。 3. 多维视角认识人物。 4. 策展方案设计合理，兼具可行性。	策展方案包含展览的基本环节，能够主题明确、分板块多维视角认识苏轼且具有可行性。	评价表、教师及时反馈	形成性评价（本阶段实施过程中）
展览版面设计图	1. 版面整体设计与展览主题相契合。 2. 版面设计有层次性，各部分内容排序合理。 3. 空间利用合理，版面设计美观。	版面设计与主题相契合，比例准确，可操作性强。	评价表、优秀设计图评选	形成性评价（本阶段实施过程中）、终结性评价（本阶段结束后）

表 3-6-4 成果汇报评价量规

评价指标	自我评价	组内互评	教师评价	综合评价
我能积极参与课堂讨论，提出问题。	☆☆☆☆☆	☆☆☆☆☆	☆☆☆☆☆	评语：
我有合作意识，组内积极交流。	☆☆☆☆☆	☆☆☆☆☆	☆☆☆☆☆	
我能参与资料查找、策展方案设计与撰写、展览版面设计。	☆☆☆☆☆	☆☆☆☆☆	☆☆☆☆☆	
小组的策展方案和展览版面设计合理、可行。	☆☆☆☆☆	☆☆☆☆☆	☆☆☆☆☆	
我能够用流畅、清晰的语言，大方地汇报我们组的策展方案。	☆☆☆☆☆	☆☆☆☆☆	☆☆☆☆☆	

表 3-6-5　策展方案评价量规

评价内容	评价目标	等级	改进建议
策展内容	展览主题明确。	☆☆☆☆☆	
	不同板块间关系清晰。	☆☆☆☆☆	
	呈现内容可多角度认识苏轼。	☆☆☆☆☆	
	将历史人物置于具体时空中进行认识。	☆☆☆☆☆	
	策展方案设计合理，兼具可行性。	☆☆☆☆☆	
版面设计	版面设计与展览主题相契合。	☆☆☆☆☆	
	版面设计有层次性。	☆☆☆☆☆	
	各部分内容排序合理。	☆☆☆☆☆	
	空间利用合理。	☆☆☆☆☆	
	版面设计美观。	☆☆☆☆☆	
	版面设计具有一定创新性。	☆☆☆☆☆	

七、项目反思

（一）教师反思

本次跨学科项目式学习的特色如下。

第一，教学内容选择彰显价值立意。走近历史文化名人的教学主题，能够加深学生对中华优秀传统文化的理解，提升学生对苏轼所代表的文人精神的认识，为引导学生了解和传承中华优秀传统文化打下了很好的基础。

第二，教学方法适宜，激发学生兴趣。本次项目式学习创设了真实的情境，采用任务驱动的方法，注重学生的实践探究，既需要学生在任务的引领下独立自主去了解，又有小组成员的互相合作、深入探究，这样的设计充分激发了学生的兴趣，让学生的思维活了起来，在做中学、思中学，切实培养学生运用知识解决实际问题的能力。

第三，学生掌握了多重视角认识历史人物的方法。本次项目式学习综合历史、语文、美术学科的多维视角，去了解苏轼及其艺术成就；再将单个人物放入时代地域中去观照，真正实现多角度、大视角地认识古人，采用从视点到视界再到视域的多重视角，不断提升学生的思维层次；最后还鼓励学生学习古人的精神，达到以古鉴今的目的。学生通过本课程的学习，真正获得了从内容习得到掌握思维方法的提升：掌握了看待历史人物的方法——多视角、大角度。

第四，学科融通感受综合魅力，引发深度学习。学科融合具有单个学科无法企及的优势，建立了更为综合、立体的知识网络，能够培养学生更加全面、清晰、准确地认识事物的能力。在本次项目式学习中，对跨学科课程的深度探究提升了学生的思维品质，而教师的跨学科教学既体现出了学科的专业和深度，又将原本独立的单学科教学有机融合，通过集体备课研讨，在把握核心概念的基础上进行学习活动设计，最终达到课堂“融通”的境界。本次项目式学习既有继承，又有创造，师生所见之深度和广度，是单一课程所难以达到的。

但在真实的实践中，教师会面临各种意料之外的挑战，或是来自客观因素的制约，或是学生提出的各种问题。其中，学生思维链的断层是教师遭遇的最大挑战。比如，了解了苏轼的文学艺术成就之后，选取哪些作品进行展览，如何对作品进行单元分类，如何撰写解说词，这些是缜密的语文思维的体现；如何用艺术的形式将作品逻辑缜密地、更美地展现出来，则需要历史、语文、艺术思维的结合。学生只有在面对真实情境中的真实问题时，才能灵活运用自己所学的多学科知识与技能，将在跨学科项目式学习中获取的知识与技能学以致用。

（二）学生反思

学生的思维品质和能力在本次项目式学习中有所提升。

首先，学生最大的收获是了解了项目式学习的基本原则和程序：在一个真实情境中，完成总体任务；把总体任务分解为阶段性的多个子任务。知道为了实现每一个子任务目标，需要做哪些准备活动，储备哪些知识，以及从哪些途径获取知识，等等。同时，学生建构起了可迁移的思维方法，以后遇到其他类似课题时，可以尝试迁移运用。

其次，学生深刻体会到了小组和个人的关系。每一个个体的力量都不足以支撑整个大项目的顺利完成，只有合作才能产生更大的能量；每个人的行为和付出都充满意义，甚至可以提升整个项目的完成质量。在合作之中，学生与人沟通、协作的能力也在不断提升。

最后，学生体会到项目式学习是一种能够更好地进行系统学习的方式。在此过程中，多学科的能力与方法被调动起来，过往学习的经验与新习得的方法真正得到了实际运用，获益良多。同时，学生也反思了以往学习中的不足，例如，因为考试导向而对某些学科认识不足，过多关注知识层面而对实践有所忽视，等等。跨学科的项目式学习为解决这些问题提供了切实有效的途径。

案例 7　了解青海经济优势，寻找更有前景专业

甘瑞洁
青海省西宁市第十二中学

一、项目简介

改革开放以来，我国经济发展迅速，人民的日常生活发生了巨大的变化。

党的十八大以来，青海省在经济方面取得了新的发展。青海省坚持以新发展理念为引领，深入实施创新驱动发展战略，依托大数据、人工智能、互联网等新技术，促进数字技术与实体经济深度融合。这些新发展为青海省未来的经济发展奠定了坚实的基础。因此，本项目旨在充分调动学生的积极性，通过专题调查，了解家人、民众对一些社会问题的看法和认识，培养学生参与社会活动、关心社会发展的意识。同时，引导学生在调查的基础上，运用所学历史知识，概括、分析、判断历史问题，提高学科基本能力，发展学科素养；学习开展社会调查的基本方法，自行设计相关调查问卷，汇集调查统计结果，对调查结果进行分析判断，写出调查报告。在调查活动中，培养学生待人接物、与人沟通的能力，引导学生学会与人相处的礼仪、礼貌。基于以上内容，我们确定本次活动主题为“了解青海经济优势，寻找更有前景专业”——如果未来选择回到青海就业，哪些专业更有前景和优势？本项目历时 4 周，学生经历了驱动问题的确定、项目启动、解决问题产生成果、成果展示、回顾项目五个阶段。在活动过程中培养学生的问题意识、合作探究能力、解决问题能力、创新意识等。本项目信息见表 3-7-1。

表 3-7-1　项目信息卡

基本信息	项目名称	了解青海经济优势，寻找更有前景专业
	项目持续时间	2024 年 4 月 1 日—4 月 26 日（4 周）
	核心驱动问题	如果未来选择回到青海就业，哪些专业更有前景和优势？
	学科	历史、地理

续表

学生团队	项目年级	八年级
	实施团队	八年级全体学生
	参与人数	300 人
指导团队	项目设计	甘瑞洁
	指导教师	甘瑞洁

二、项目依据

（一）现实依据

八年级学生将在四年后面临专业选择问题，初中生职业生涯规划教育能够在这个关键的成长阶段，让学生通过一系列的活动和课程，了解自我、探索兴趣和潜能，对高中及未来的教育和职业路径作出更明智的选择，帮助他们构建初步的职业认知和规划能力。同时，通过调查改革开放以来青海的社会生活变迁和党的十八大以来青海经济的新发展，了解青海经济发展的优势，学生在切身感受家乡巨大变化的同时，为如何更好地为建设祖国、建设家乡贡献力量做好职业发展规划奠定基础。

（二）课标依据

《义务教育历史课程标准（2022 年版）》在“中国历史”部分的学业要求中提出：能够了解中国现代史发展的基本线索和重要事件、人物、现象；能够理解中国走社会主义道路的历史必然性和探索这条道路的艰巨性和曲折性。能够搜集、分析重要的历史文献资料，学会社会调查的方法，加强对所学内容的理解与解释。能够通过改革开放以来中国在各个领域取得的成就、家乡的巨大变化和综合国力的不断提高，增强爱祖国、爱家乡的情感，培育和践行社会主义核心价值观，坚定中国特色社会主义道路自信、理论自信、制度自信和文化自信。

《义务教育地理课程标准（2022 年版）》在“认识中国”主题的“认识家乡”部分

中提出：运用地图和相关资料，说出某区域的地理位置和自然地理特征，说明自然条件对该区域经济社会发展的影响，认识因地制宜的重要性；进行野外考察并利用图文资料，描述家乡典型的自然与人文地理事物和现象，归纳家乡地理环境特点，举例说明其形成过程及原因；举例说明家乡环境及生产发展给当地居民生活带来的影响和变化，并尝试用绿色发展理念，对家乡的发展规划提出合理建议，增强热爱家乡、建设家乡的意识。

（三）教材依据

《中国历史》八年级下册第 19 课“社会生活的变迁”、第 20 课“活动课：生活环境的巨大变化”都要求学生了解社会生活各方面的变化，了解改革开放的显著成就和家乡的巨大变化；第 11 课“为实现中国梦而努力奋斗”中也提到了改革开放以来我国取得的经济建设成就和新发展理念。

山西教育出版社出版的《地理》八年级下册第五章“我国的地域差异”中的“青藏地区和西北地区”要求学生通过学习了解青藏高原的自然地理环境。

三、教学目标

（一）学科学业目标

（1）了解中华人民共和国成立以后人民生活发生根本变化、生活水平不断提高的状况，知道改革开放前后人们在衣、食、住、行等方面发生的变化，理解产生这一变化的原因。

（2）了解党的十八大以来中国经济建设取得的重大成就，认识中国梦是每个人的梦，把个人梦想与祖国梦想相联系，认识个人发展与祖国命运息息相关，树立为实现中国梦而努力奋斗的意识。

（二）核心素养目标

（1）能通过史料分析改革开放前后人们在衣、食、住、行和通信方面发生的变化。

（唯物史观、史料实证）

（2）能通过文字、图片、视频等资料，认识改革开放给人们带来的巨大影响。（史料实证）

（3）能通过阅读史料对改革开放进行评价，提升辨证分析历史问题的能力。（唯物史观、历史解释、史料实证）

（4）了解人民生活的巨大变化，特别是从自己身边去发现改革开放和党的十八大以来的经济发展带给自己家庭、自己家乡的变化，从而深切地体会到改革开放带给老百姓、带给社会的实实在在的好处，从而增强热爱家乡、热爱祖国的情感，树立为实现中华民族伟大复兴的中国梦而不懈奋斗的信念。（家国情怀）

（三）项目成果目标

（1）“我们从历史走来”——改革开放以来的社会生活变迁调查报告和成果展示（视频、手抄报等）。

（2）在教师提供内容的基础上搜集相关资料，了解党的十八大以来在新发展理念下青海经济的突破与发展，了解、分析、总结青海经济发展的优势。

（3）在之前学习探究的基础上，选择未来在青海就业更有前景和优势的专业，制作推荐海报。

四、驱动问题

本项目的核心驱动问题为“如果未来选择回到青海就业，哪些专业更有前景和优势”，具体分解见表 3-7-2。

表 3-7-2 驱动问题及成果

核心驱动问题	分解驱动问题	阶段任务	阶段成果	最终成果
如果未来选择回到青海就业，哪些专业更有前景和优势？	改革开放以来，青海人民的社会生活有了哪些变化？从哪些方面体现了青海经济的发展？	调查青海改革开放以来的社会变迁。	青海社会生活变迁调查报告、视频、手抄报等	“报效祖国、建设家乡”——更有优势专业推荐小组成果汇报
	党的十八大以来青海经济有了哪些新的发展？目前青海经济发展的优势有哪些？	了解青海经济发展的现状，分析、总结青海目前发展的优势。	完善后的调查报告、汇报演示文稿	
	未来哪些专业在青海就业时更有前景和优势？	调查讨论，在之前探究的基础上讨论推荐专业。	推荐专业海报、成果汇报演示文稿	

五、项目实施

（一）入项活动

你愿意回到家乡就业、生活吗？

持续时间：2024 年 4 月 1 日（1 课时）。

教学活动：

（1）讨论：大学或者研究生毕业后，你愿意回到家乡就业、生活吗？

教师提供部分相关数据，引导学生根据身边情况，对回到家乡就业的优劣势进行讨论。

（2）组建团队。确定团队成员，进行组内分工，为小组命名。

（二）分解驱动问题 1

改革开放以来，青海人民的社会生活有了哪些变化？从哪些方面体现了青海经济的发展？

持续时间：2024 年 4 月 2 日—4 月 13 日（2 周）。

教学活动：

（1）发布活动任务，形成项目小组。

项目启动：教师提供资料，包括老照片、视频、相关经济数据等。

根据入项活动中确定的改革开放以来的青海社会变迁、未来更有前景和优势专业组建团队，分成衣（纺织类）、食（农牧业）、住（建筑、基建）、行（交通、通信）四个组。

（2）小组分工合作，搜集所需资料。

①调查自己家庭的物质生活条件在改革开放前后的变化。

②搜集老照片、老物件。

③采访家中或者左邻右舍的老人，制作调查表，尝试记录口述历史。

（3）完成调查报告，进行展示交流。

①根据所搜集的资料，按照前期分工撰写青海社会生活变迁调查报告。

②小组长担任主要代表，以视频、手抄报等形式，在班级进行调查报告的展示与交流。

（4）初步绘制新中国经济发展曲线图并分享与交流。

①小组合作，初步合作绘制新中国经济发展曲线图。

②以小组为单位，在班级分享与交流曲线图。

设计思路：

选取与学生未来生活息息相关、学生感兴趣的话题开展学习，以学生四年后将要面临的专业选择和就业选择为情境，引导学生对所学知识进行整合，以解决新的问题，在此过程中培养学生运用历史知识和学科核心素养分析、解决问题的能力。

（三）分解驱动问题 2

党的十八大以来青海经济有了哪些新的发展？目前青海经济发展的优势有哪些？

持续时间：2024 年 4 月 14 日—4 月 19 日（1 周）。

教学活动：

（1）搜集资料，了解党的十八大以来青海经济的新发展。

①小组成员进行分工，认领任务。

②记录在调查过程中遇到的困难和解决方法。

③对搜集的资料进行整理分析。

（2）完善调查报告，制作汇报演示文稿，进行成果分享。

①完善调查报告。

②根据上一阶段的分享与交流，修改完善小组研究成果，分析、总结梳理青海目前经济发展的优势。

③以小组为单位，在班级进行研究成果分享。

设计思路：

通过第一阶段的练习，培养学生搜集资料的能力。引导学生及时记录调查过程中出现的各种各样的问题，通过小组合作自主解决问题。在解决问题的过程中，发展学生运用所学知识解决真实问题的能力。

（四）分解驱动问题 3

未来哪些专业在青海就业时更有前景和优势？

持续时间：2024 年 4 月 20 日—4 月 26 日（1 周）。

教学活动：

（1）初步制作成果汇报演示文稿。

①小组分工，在之前研究基础上汇总整理，商议推荐专业并总结推荐理由。

②完成推荐专业的成果汇报演示文稿。

③组内展示并进行点评，提出修改建议。

（2）根据小组成员提出的建议，对成果汇报演示文稿进行修改、完善，并设计制作推荐专业海报。

（3）以小组为单位，在班级进行展示。

①以小组为单位，在班级展示推荐专业海报，分享和交流项目实施过程中遇到的困难及解决办法。

②其他小组提问，本小组成员答辩。

设计思路：

给予学生展示成果的空间，使学生更加自信、乐学、乐分享，同时培养学生的思辨能力。在提升学生用跨学科思维解决真实问题的能力的同时，培养学生的职业规划意识。

六、项目评价

“了解青海经济优势，寻找更有前景专业”项目式学习评价方案见表 3-7-3，成果汇报评价量规见表 3-7-4。

表 3-7-3　“了解青海经济优势，寻找更有前景专业”项目式学习评价方案

主要产品 / 表现	知识 / 能力目标	证据	评价方式	评价时机
青海社会生活变迁调查报告（过程性资料）	能根据搜集的各类资料，运用统计的相关知识对所调查的类别进行统计、汇总，形成结论。	调查报告项目齐全，格式正确。	评价表、教师及时反馈	形成性评价（本阶段实施过程中）
改革开放以来青海人民社会生活的变迁	能结合具体情境，通过调查了解改革开放以来青海经济发展情况，并绘制新中国经济发展曲线图。	资料搜集全面、分析准确，曲线图绘制精准，无史实错误。	教师及时反馈、优秀曲线图评选	形成性评价（本阶段实施过程中）
党的十八大以来青海经济新发展调查以及青海经济发展优势分析	能搜集资料，整理党的十八大以来青海经济的突破与发展；能初步分析青海经济发展的优势并说明理由。	搜集资料全面准确，结合人文地理内容进行分析且分析符合实际。	评价表、优秀调查小组评选	形成性评价（本阶段实施过程中）、终结性评价（本阶段结束后）

续表

主要产品/表现	知识/能力目标	证据	评价方式	评价时机
未来在青海就业时更有优势的专业推荐	能根据之前研究成果推荐更有优势和发展前景的专业，并说明推荐理由。	分析符合学生实际情况，有效结合之前研究成果，具有前瞻性。	评价表、小组互评、教师点评	形成性评价（本阶段实施过程中）、终结性评价（本阶段结束后）
汇报演示文稿	能运用信息技术，将项目的实施过程记录完整；能对本组特色进行准确、清晰的介绍，交流过程中，语言简练有条理。	演示文稿制作完整、美观，能记录项目的全过程。	评价表、教师及时反馈	形成性评价（本阶段实施过程中）、终结性评价（本阶段结束后）

表 3-7-4　成果汇报评价量规

团队名称	调查内容	汇报交流	倾听	互动	创新
	了解调查的目的和意义；调查资料丰富，来源可靠；调查问题具有针对性和深度，问题明确，能反映变迁特点；与受访者沟通时得体、有效，尊重受访者，能引导对话；搜集的信息有条理，便于分析，分类清晰，统计准确	观点阐述明确，汇报条理清楚，声音洪亮，大方得体；能合理把控展示时间	认真倾听，做好记录，及时评价	能解答他人的提问，及时对小组发言做补充，互动积极，小组相互配合	专业推荐设计有特色，体现创新思维
衣（纺织类）	☆☆☆☆☆	☆☆☆☆☆	☆☆☆☆☆	☆☆☆☆☆	☆☆☆☆☆
食（农牧业）	☆☆☆☆☆	☆☆☆☆☆	☆☆☆☆☆	☆☆☆☆☆	☆☆☆☆☆
住（建筑、基建）	☆☆☆☆☆	☆☆☆☆☆	☆☆☆☆☆	☆☆☆☆☆	☆☆☆☆☆
行（交通、通信）	☆☆☆☆☆	☆☆☆☆☆	☆☆☆☆☆	☆☆☆☆☆	☆☆☆☆☆

七、项目反思

（一）教师反思

通过项目式学习，学生能更深刻地理解历史知识与现实之间的联系，尤其是对青海的历史文化和经济发展有了更加深入细致的了解。在项目式学习过程中，课堂氛围活跃，学生参与度高，表现出对这种学习方式的浓厚兴趣。抽象的历史知识与具体的地域文化的结合，使得学生更容易理解和记忆。通过引入案例分析，如探讨青海的旅游业如何更好地利用当地的历史文化资源，增强了学生的实际应用能力。学生的历史知识得到了巩固和拓展，特别是对青海的历史文化有了更为全面的认识。

此次项目式学习还培养了学生分析问题和解决问题的能力以及批判性思维。

在项目初期对学生的背景和需求了解不足，导致部分内容与学生的实际生活脱节，后续进行了调整；对时间的把握不够准确，导致项目进度稍显滞后。未来应进一步优化项目设计，确保内容与学生的实际需求密切相关，同时加强与其他学科的交叉融合，培养学生更为全面的能力。同时，鼓励学生将所学应用于实践，如参加社会调查或历史研究等活动，以拓宽视野和增强实践能力。

（二）学生反思

通过参与项目式学习，我深刻感受到了历史与现实的紧密联系，尤其是对家乡青海的历史文化和经济发展有了更为直观的认识。在团队合作中，我学会了倾听他人的意见，尊重他人的劳动成果，也锻炼了自己的沟通协调能力。在小组讨论环节，我们充分发扬民主精神，每个人都积极发表自己的观点，最终形成了具有创意的项目方案。在实施项目的过程中，我们遇到了很多挑战，但通过不断地尝试和改进，最终都成功地克服了困难，圆满地完成了任务。我的历史素养得到了很大的提升，尤其是对一些之前不太熟悉的历史事件和人物有了更为深入的了解。我学会了如何面对困难和挑战，以及如何在团队中发挥自己的作用。

在项目初期，由于我们对任务的理解不够深入，工作方向出现了偏差，后来经过及时调整才回到了正确的轨道上。在时间管理方面，我们还存在一定的欠缺，有时会因为过于追求完美而耽误整体进度。

我希望能够继续深入学习历史知识，特别是关于我们家乡青海的历史文化方面的内容，并将所学的历史知识应用于实际生活中，为家乡的发展贡献自己的力量。我也希望能够在未来的学习和工作中继续发扬团队合作精神，与同学们一起进步和成长。

案例 8　聚焦古代劳动工具，绘制未来劳动蓝图

王依　陈婷婷
江西省萍乡市上栗县上栗镇中学

一、项目简介

5 月是劳动的好时节，劳动是社会的主旋律，是引领社会发展的不竭动力。“工欲善其事，必先利其器”，我国古代劳动人民在长期的劳动实践中发明了许多劳动工具。尽管随着时代的发展，一些传统劳动工具逐渐退出历史舞台，但它们是时代变迁的见证。看似不起眼的古代劳动工具对人类社会发展有怎样的影响，值得我们深思。同时，结合历史教材中“透物见史”中的内容，我们可以引导学生树立唯物史观、传承中华优秀传统文化，并运用历史及相关学科知识解决现实生活中的问题。基于以上内容，我们确定本次项目式学习的主题为古代劳动工具中的学问。本项目历时 6 周，学生经历了驱动问题的确定、项目启动、解决问题产生成果、成果展示、回顾项目五个阶段。在活动过程中培养学生的问题意识、创新思维、动手实践、合作探究、解决问题等能力，涵养学生的家国情怀。本项目信息见表 3-8-1。

表 3-8-1　项目信息卡

基本信息	项目名称	聚焦古代劳动工具，绘制未来劳动蓝图
	项目持续时间	2023 年 4 月 17 日—5 月 28 日（6 周）
	核心驱动问题	古代劳动工具对人类社会发展有怎样的影响?
	学科	历史、语文、科学、美术
学生团队	项目年级	七年级
	实施团队	七年级 1 班、12 班
	参与人数	90 人
指导团队	项目设计	王依、陈婷婷、七年级 1 班和 12 班部分学生
	指导教师	王依、陈婷婷、陈艳珍、彭江华、龙宇年、李辉

二、项目依据

（一）现实依据

近年来，国家对劳动教育日益重视。“工欲善其事，必先利其器”，劳动工具的发展和革新对社会进步和文明的发展起到了至关重要的作用。因此，我们以“五一”国际劳动节为契机，聚焦古代劳动工具，带领学生走进劳动工具的前世今生，激发学生学习历史的兴趣，提升学生的历史学科核心素养。

（二）课标依据

《义务教育历史课程标准（2022 年版）》指出：在每个学生身边都有大量的历史遗存和信息，通过引导学生从身边的生活出发，探寻其中反映的历史，拉近学生生活与历史之间的距离，提升学生对历史的认知，发展历史思维。

《义务教育语文课程标准（2022 年版）》指出：应紧扣“实用性”特点，结合日常生活的真实情境进行教学。引导学生关注中华优秀传统文化在日常生活中的表现，感受中华优秀传统文化的重要价值，进而借助不同媒介表达自己的见闻和感受。

《义务教育科学课程标准（2022 年版）》指出：教师要创设真实问题情境，通过学生的体验、操作和制作，引导学生在解决问题的过程中理解技术进步对社会发展的影响，逐步把知识转化为解决实际问题的能力，以更好地适应未来社会发展的需求。

《义务教育艺术课程标准（2022 年版）》指出：通过“设计·应用”实践环节，引导学生结合生活和社会情境，运用设计和工艺的知识、技能和思维方式，开展基于问题的学习、基于项目的学习，进行传承和创造，进而体会传统工艺“守正创新”的内涵与意义。

（三）教材依据

《中国历史》七年级上、下册出现了一些具有代表性的古代劳动工具图片和文字介绍，这些内容作为历史教材文本补充资源而存在，对于辅助解读历史文本起着重要的作用。

初中语文教材内容中涉及了多种多样的古代劳动工具，教师可以借助汉字字形构造帮助学生巧识劳动工具，感悟古代人民的智慧。通过斟酌字词、品味语句、反复吟诵、发挥想象等方法探究其中蕴含的劳动场景，助力学生正确劳动观念的树立。

初中科学教材中包含许多与古代劳动工具相关的内容，如种植器件（耙、耧、犁、耘）、提水工具（筒车、桔槔、辘轳）等。教师可以引导学生调查和研究古代劳动工具，在探究其工作原理的过程中完成新知识的学习。

初中美术教材中有关“日用器具”的内容也涉及劳动工具。器具的历史最早可追溯到数万年前的石器时代。教师可以从观察、体验、仿制、改进等方面逐步引导学生了解古代劳动工具并提出改进方案，进行装饰和美化。

三、教学目标

（一）学科学业目标

（1）自主归纳总结《中国历史》七年级上、下册中出现的劳动工具，并制作介绍古代劳动工具的小卡片。

（2）利用“五一”假期寻找身边旧时的劳动工具，了解其用途、使用方法、相关的故事并提出改进方案，感受传统劳动工具的魅力，传承农耕文化。

（3）通过制作古代劳动工具小模型和录制短视频，传承与推广古代劳动人民的智慧，涵养家国情怀。

（二）核心素养目标

（1）将小卡片按照时间顺序串联起来进行展示，学会在具体的时空条件下考察历史，涵养时空观念。

（2）通过自主实践探究，完成“寻找身边旧时的劳动工具”活动记录表，从而获取历史信息，学会根据可信史料对历史进行论述，初步形成重证据的意识和处理历史信息的能力。

（3）通过制作小模型、录制短视频和设计新工具，形成对家乡、国家和中华民族的认同，增强民族自豪感，并树立为家乡、国家和世界发展贡献力量的远大理想和责任担当的家国情怀。

（三）项目成果目标

（1）通过校级历史项目式学习公开课的学习，了解劳动工具的发展历史。

（2）梳理不同历史时期的劳动工具，填写介绍古代劳动工具的小卡片。

（3）利用“五一”假期，寻找身边旧时的劳动工具，填写“寻找身边旧时劳动工具”活动记录表。

（4）制作并展示筒车、辘轳、犁耙等古代劳动工具小模型。

（5）录制古代劳动工具推广短视频。

（6）设计未来的劳动工具。

四、驱动问题

本项目的核心驱动问题为“古代劳动工具对人类社会发展有怎样的影响”，具体分解见表 3-8-2。

表 3-8-2　驱动问题及成果

核心驱动问题	分解驱动问题	阶段任务	阶段成果	最终成果
古代劳动工具对人类社会发展有怎样的影响?	如何向大家展示古代劳动工具对人类社会发展的影响?	成立五个项目小组，分工合作搜集资料，确定各项目小组分工，确定最终成果展示形式。	分组名单、各项目小组任务分工、相关史料、耗材清单	古代劳动工具展览
	如何梳理不同历史时期的劳动工具?	梳理《中国历史》七年级上、下册中出现的劳动工具，并制作介绍古代劳动工具的小卡片。	介绍古代劳动工具的小卡片	

续表

核心驱动问题	分解驱动问题	阶段任务	阶段成果	最终成果
	我们身边有哪些旧时的劳动工具?	设计“寻找身边旧时劳动工具”活动记录表，利用“五一”假期寻找身边旧时的劳动工具，了解其用途、相关故事等，完成记录表的填写。	“寻找身边旧时劳动工具”活动记录表	
	如何制作和展示古代劳动工具?	自主购买材料，设计制作古代劳动工具小模型。	古代劳动工具小模型	
	如何传承与推广古代劳动人民的智慧?	录制短视频，介绍古代劳动工具及其相关故事，传承与推广其中蕴含的古代劳动人民的智慧。	古代劳动工具推广短视频	
	未来的劳动工具是什么样的?	充分发挥想象力，设计未来的劳动工具。	未来劳动工具设计图	

五、项目实施

（一）入项活动

如何了解劳动工具的前世今生？——“走进劳动工具，感悟时代变迁”校级历史项目式学习公开课

持续时间：2023 年 4 月 17 日（1 课时）。

教学活动：

（1）课前归纳《中国历史》七年级上、下册中出现的古代劳动工具。

教师可以引导学生思考：各个历史时期出现了哪些具有代表性的劳动工具？这些劳动工具的成分是什么，构造如何？这些劳动工具对人类的社会发展有怎样的影响？等等。

（2）劳动工具的前世：在历史长河中劳动工具是怎么演变的？

教师引导学生讨论：历史上农业工具发生了怎样的变化？手工业工具有怎样的

进步？

（3）劳动工具的今生：说一说你在日常生活中见到的劳动工具。

教师引导学生讨论：日常生活中见到的劳动工具跟古代劳动工具相比有怎样的变化？

（4）小组合作探究，进行头脑风暴。

从下面三个问题中任选一个进行头脑风暴，各小组派代表发言，限时3分钟。

问题一：劳动工具的演变反映了什么？

问题二：智能化工具是否会完全取代传统的劳动工具？请说明理由。

问题三：假如我们可以穿越时光，你想回到哪个时期，为当时的劳动人民创造一种什么样的劳动工具？

（5）组建团队，筹备古代劳动工具展览。

为了进一步弘扬劳动精神，让同学们更多地、更好地认识和了解古代劳动工具，感受中华传统农耕文化的魅力，让我们一起来筹备一场古代劳动工具展览吧！

（二）分解驱动问题1

如何向大家展示古代劳动工具对人类社会发展的影响？

持续时间：2023年4月17日—4月23日（1周）。

教学活动：

（1）发布活动任务，形成项目小组。

①项目启动：观看视频《漫说劳动工具的演变》。

②根据入项活动中确定的古代劳动工具展览组建团队，分为回首队、追寻队、传承队、推广队和展望队五个项目小组。

（2）搜集相关资料、信息等。

①搜集各个历史时期具有代表性的劳动工具的史料。

②列出所需材料清单及购买途径。

③计算所需经费。

（3）确定五个项目小组分工，讨论最终成果展现形式。

（4）明确展览布置的任务分工，初步规划展区的布置。

设计思路：

以“五一”国际劳动节为契机开展学习，聚焦古代劳动工具，以设计古代劳动工具展览为情境，引导学生对所学知识进行整合以解决新的问题，在此过程中培养学生的时空观念、史料实证和家国情怀。

（三）分解驱动问题 2

如何梳理不同历史时期的劳动工具？

持续时间：2023 年 4 月 24 日—4 月 30 日（1 周）。

教学活动：

（1）梳理教材相关内容，制作介绍古代劳动工具的小卡片。

①小组成员进行分工，认领任务。

②及时记录在梳理、制作过程中遇到的困难及其解决方法。

③制作介绍古代劳动工具的小卡片。

④以小组为单位，在班级进行小卡片的成果分享与交流。

（2）完善并按时间顺序串联小卡片，完成回首组展区陈列。

①根据上一阶段的分享与交流，选择可行性实施建议进行小卡片的修改、完善。

②回首组将小卡片按照时间顺序串联起来，完成本组展区陈列。

设计思路：

制作小卡片的过程中会出现各种各样的问题，尽量让学生主动运用所学知识，为自主解决问题而服务。在解决问题的过程中，再次强化知识，发展思维。

（四）分解驱动问题 3

我们身边有哪些旧时的劳动工具？

持续时间：2023 年 5 月 1 日—5 月 7 日（1 周）。

教学活动：

（1）初步设计“寻找身边旧时的劳动工具”活动记录表。

①小组分工，整理需要记录的内容。

②设计“寻找身边旧时的劳动工具”活动记录表。

③组内进行讨论、修改。

（2）完善“寻找身边旧时的劳动工具”活动记录表。

①根据组内成员提出的建议进行修改、完善。

②组内完成活动记录表的定稿。

（3）填写“寻找身边旧时的劳动工具”活动记录表。

①利用“五一”假期寻找身边旧时的劳动工具，填写活动记录表。

②追寻组收集全班活动记录表，整理成册，完成本组展区陈列。

设计思路：

利用“五一”假期去寻找身边旧时的劳动工具，充分发挥学生的主动性，让学生参与社会实践与研究，拉近学生与历史之间的距离，培养学生留心观察生活、理性思考的能力。

（五）分解驱动问题 4

如何制作和展示古代劳动工具？

持续时间：2023 年 5 月 8 日—5 月 14 日（1 周）。

教学活动：

（1）小组分工合作，初步设计古代劳动工具小模型。

①小组成员进行分工，认领任务。

②设计筒车、辘轳、犁耙小模型。

③组内进行分享、讨论，提出修改建议。

（2）完善古代劳动工具小模型设计。

①根据组内成员提出的建议，对设计稿进行修改、完善。

②组内完成古代劳动工具小模型设计稿定稿。

（3）制作古代劳动工具小模型，完成传承组展区陈列。

①自主购买材料或利用废旧材料，小组合作制作古代劳动工具小模型。

②以小组为单位，在班级进行小模型的展示与交流。

③传承组收集全班作品，完成本组展区陈列。

设计思路：

小组成员一起亲手制作古代劳动工具小模型，穿越时空，变废为宝，与古代劳动工具进行一次亲密接触，让古代劳动工具在学生手中“活起来”。在古代劳动工具小模型制作实践活动中，学生团结协作、动手动脑，不仅体会到手工制作的乐趣，更感受到古人的辛劳与智慧。

（六）分解驱动问题 5

如何传承与推广古代劳动人民的智慧？

持续时间：2023 年 5 月 15 日—5 月 21 日（1 周）。

教学活动：

（1）小组分工合作，初步设计传承和推广方式。

①小组成员进行分工，认领任务。

②设计筒车、镰铲、骨耜和耒耜等古代劳动工具的推广短视频。

③组内对设计方案进行讨论、修改。

（2）录制古代劳动工具推广短视频。

①组内推选“古代劳动工具推广官”。

②小组成员合作录制短视频。

（3）发布古代劳动工具推广短视频，完成推广组展区陈列。

①根据组内人员提出的建议进行后期剪辑。

②在社交平台上发布古代劳动工具推广短视频。

③推广组收集全班作品，完成推广组展区陈列。

设计思路：

学生变身“古代劳动工具推广官”，以多种多样的形式录制推广短视频，将历史与科技相结合，传承与推广古代劳动人民的智慧，涵养家国情怀。

（七）分解驱动问题 6

未来的劳动工具是什么样的？

持续时间：2023 年 5 月 22 日—5 月 28 日（1 周）。

教学活动：

（1）小组分工合作，初步设计未来的劳动工具。

①小组成员进行分工，认领任务。

②充分发挥想象力，设计智能播种机、耕田机、插秧机，以及万能锄头、电动扫帚等新工具。

③组内对设计方案初稿进行讨论、修改。

（2）完善未来的劳动工具设计。

①根据组内人员提出的建议进行修改。

②组内完成未来的劳动工具设计方案定稿。

（3）绘制未来的劳动工具，完成展望组展区陈列。

①小组成员合作绘制未来劳动工具。

②以小组为单位，在班级进行未来劳动工具的分享与交流。

③展望组收集全班作品，完成本组展区陈列。

设计思路：

劳动是一个累积的过程，尝试、探索、失败、再次尝试……不断地循环反复，不断地总结，推陈出新，这样的劳动才是有意义的。学生已经对古代劳动工具有了深入的了解，那么未来的劳动工具又会是什么样的呢？在这一阶段，学生将整合从古代劳动工具中学到的知识，用以设计新的劳动工具，在此过程中学生的创新意识、应用意识和人文情怀得到提升和强化。

六、项目评价

"聚焦古代劳动工具，绘制未来劳动蓝图"项目式学习评价方案见表 3-8-3，成果汇报评价量规见表 3-8-4。

表 3-8-3 “聚焦古代劳动工具，绘制未来劳动蓝图”项目式学习评价方案

主要产品 / 表现	知识 / 能力目标	证据	评价方式	评价时机
介绍古代劳动工具的小卡片	1. 能梳理不同历史时期的劳动工具的基本信息。 2. 小卡片语言精练，图文并茂。	小卡片项目齐全，图文并茂。	教师及时反馈、展览时学生反馈、优秀小卡片评选	形成性评价（本阶段实施过程中）
“寻找身边旧时劳动工具”活动记录表	1. 结合实际生活，探寻身边旧时的劳动工具，了解其用途、使用方法、相关的故事，并能提出改进方案。 2. 感受传统劳动工具的魅力，传承农耕文化。	活动记录表内容真实，语言简洁，字迹工整。	教师及时反馈、优秀活动记录表评选	形成性评价（本阶段实施过程中）
古代劳动工具小模型	1. 通过制作古代劳动工具小模型，更直观地了解和接触历史文物，从而加深对历史文化的理解和认识。 2. 运用所学知识和技能，动手实践，提升动手、创新和团队合作能力。	小模型能准确地反映所代表的古代劳动工具的历史特征并体现创新性。	教师及时反馈、学生互评、优秀小模型评选	形成性评价（本阶段实施过程中）、终结性评价（本阶段结束后）
古代劳动工具推广短视频	1. 能运用信息技术，有效地传播和普及古代劳动工具的相关知识。 2. 能对古代劳动工具进行准确、清晰的介绍。 3. 介绍过程中，语言简练、有条理，内容具有趣味性。	短视频制作内容准确、美观，具有吸引力。	短视频投票、评论	形成性评价（本阶段实施过程中）、终结性评价（本阶段结束后）
未来劳动工具设计图	1. 能以提高工作效率并更好地服务于人们的日常生活为出发点，进行未来劳动工具的设计。 2. 能设计出既时尚又不失传统精髓的新工具。	设计简洁明了，便于阅读和理解，具有创新性和美观性。	教师及时反馈、学生互评、优秀设计图评选	形成性评价（本阶段实施过程中）、终结性评价（本阶段结束后）

表 3-8-4 成果汇报评价量规

团队名称	内容	汇报交流	倾听	互动	创新
	主题明确，设计合理，构图美观，可操作性强	观点阐述明确，汇报条理清楚，声音洪亮，大方得体	认真倾听，做好记录，及时评价	能解答他人的提问，互动积极，小组相互配合	设计有特色
回首队	☆☆☆☆☆	☆☆☆☆☆	☆☆☆☆☆	☆☆☆☆☆	☆☆☆☆☆
追寻队	☆☆☆☆☆	☆☆☆☆☆	☆☆☆☆☆	☆☆☆☆☆	☆☆☆☆☆
传承队	☆☆☆☆☆	☆☆☆☆☆	☆☆☆☆☆	☆☆☆☆☆	☆☆☆☆☆
推广队	☆☆☆☆☆	☆☆☆☆☆	☆☆☆☆☆	☆☆☆☆☆	☆☆☆☆☆
展望队	☆☆☆☆☆	☆☆☆☆☆	☆☆☆☆☆	☆☆☆☆☆	☆☆☆☆☆

七、项目反思

（一）教师反思

首先，中国古代史与学生的现实生活相距遥远，而本次项目式学习以“五一”国际劳动节为契机，结合时下热门的劳动教育展开，选题恰逢其时，取得了很好的效果。

其次，“走进劳动工具，感悟时代变迁”校级历史项目式学习公开课立足《义务教育历史课程标准（2022 年版）》，教学设计新颖，有效地整合课本资源，注重学生核心素养的培养，问题设置层层递进。若能在授课前布置让学生设计若干有关古代劳动工具的任务，课堂上让学生在自己设计的活动中去体验、发现、实践、探究，将能更好地调动学生的主动性和积极性。

最后，本次项目式学习精心设计了五个劳动创意作业，分别是“回首·制作小卡片”“追寻·寻找旧工具”“传承·制作小模型”“推广·录制短视频”“展望·设计新工具”，环环相扣、层层递进，聚焦古代劳动工具历史特色作业，引导学生与古代劳动工具亲密接触，让古代劳动工具在学生手中、笔下“活起来”。

（二）学生反思

通过利用“五一”假期去寻找身边旧时的劳动工具，我们感到这些旧时的劳动工具曾经是劳动人民的好帮手，然而随着时代的发展，它们已渐渐淡出人们的视野。但它们是时代的“见证者”，是生动的劳动教育素材，激励着一代又一代人。制作筒车和犁耙模型，锻炼了我的动手能力，让我了解了古代劳动人民的生产、生活方式，增强了对历史学科的兴趣。早在一千多年前，人们竟然就能将筒车轮盘的结构固定得如此稳定！犁耙独具匠心的设计，体现了古人惊人的创造力。古代劳动工具见证着时代的变迁，承载着从古至今劳动人民的智慧和对美好生活的向往。作为新时代的接班人、作为中学生的我们对农耕文化和古代劳动人民智慧的传承与推广义不容辞。我们变身“古代劳动工具推广官”录制短视频，将历史与科技相结合，不仅有意义，而且非常有意思。我们在这次项目式学习活动中收获颇丰，希望今后还能经常参加类似的活动。

案例 9　千年交子，璀璨历史

陈昊
四川省成都市七中育才学校

一、项目简介

1024 年 1 月 12 日，北宋朝廷在四川成都设立了益州交子务，标志着交子正式成为国家的法定货币。2024 年正好是交子诞生千年。一张交子，很薄、很轻，但它背后的城市精神却能穿越千年，历久弥新。它成了城市的地标，成了创新与诚信的精神符号，千年之后，依旧熠熠生辉。然而，四川的交子文化尚未被大众熟知。2022 年 5 月 11 日，中国首家以“交子”为主题的金融专业博物馆——交子金融博物馆正式开馆并投入试运营。“如何利用交子金融博物馆资源传播交子文化”便成为此次项目式学习的核心驱动问题。同时，基于《义务教育历史课程标准（2022 年版）》中“小钱币，大历史”的学习主题，让学生以历史学科为主体，结合语文、信息科技、美术学科的相关知识以传播交子文化、解决现实问题。本项目历时 6 周，学生经历了驱动问题的确定、项目启动、解决问题产生成果、成果展示、回顾项目五个阶段。在活动过程中培养学生的问题意识、创新意识以及合作探究、解决问题等能力。本项目信息见表 3-9-1。

表 3-9-1　项目信息卡

基本信息	项目名称	千年交子，璀璨历史
	项目持续时间	2024 年 3 月 8 日—4 月 19 日（6 周）
	核心驱动问题	如何利用交子金融博物馆资源传播交子文化？
	学科	历史、语文、信息科技、美术
学生团队	项目年级	七年级
	实施团队	七年级活选班
	参与人数	30 人
指导团队	项目设计	陈昊
	指导教师	杨海燕

二、项目依据

（一）现实依据

交子文化作为中国古代金融文化的代表，具有深厚的文化底蕴和历史价值。通过利用交子金融博物馆资源传播交子文化，学生可以更加深入地了解中国传统文化，增强文化认同感和自豪感。交子文化不仅是一种历史文化，更是一种与现实生活密切相关的金融和商业文化。通过利用交子金融博物馆资源，学生能够深入了解交子文化的历史背景、文化内涵和现实意义，从而思考如何运用所学知识解决现实生活中的金融和商业问题。这种学习方式能够培养学生的实践能力和创新精神，为他们未来的职业发展和社会适应能力打下坚实的基础。交子文化的传播涉及历史、金融、经济、艺术等多个学科领域，通过利用交子金融博物馆的资源，学生可以在一个具体的、有实际文化价值的项目中，将所学的不同学科知识进行整合和应用。这种学习方式不仅能帮助学生更深入地理解各个学科的知识，而且能培养他们的跨学科思维能力和解决问题的能力。

（二）课标依据

首先，《义务教育历史课程标准（2022 年版）》在跨学科主题学习活动“小钱币，大历史”中指出：本主题的设计，旨在引导学生整理中外历史上货币的发展情况，使学生对中外货币发展史形成基本认识。所以，本次项目式学习结合校内活选课程和校外的博物馆课程，采用线上、线下两种方式呈现。这也充分体现了《义务教育信息科技课程标准（2022 年版）》提出的数字化学习与创新，《义务教育艺术课程标准（2022 年版）》提出的审美感知、艺术表现、创意实践，以及《义务教育语文课程标准（2022 年版）》提出的文化自信和语言运用、思维能力、审美创造等核心素养的培养要求。

鉴于八年级学生的学习时间较为紧张，而七年级学生已经了解过交子的相关知识的学情，本次项目式学习的参与者确定为正在学习中国古代史的七年级学生。根据《义务教育历史课程标准（2022 年版）》的要求，结合学生的实际情况，活动主题确定为“千年交子，璀璨历史”。

（三）教材依据

七年级学生正处于刚刚接触中国古代史内容的阶段，在小学与七年级的学习中，学生对钱币的知识已有一定的了解，如小学语文课文《“贝”的故事》等，讲解了有关“钱”的知识；初中语文课文《卖炭翁》《孔乙己》等，提及了古代的“钱”“铜钱”；初中历史课文“秦统一中国”“西汉建立和‘文景之治’”“汉武帝巩固大一统王朝”“盛唐气象”“宋代经济的发展”等展示了“半两钱”“五铢钱”“开元通宝”“交子”“会子”等各时期的钱币图片。在生活中，学生对作为文物的古钱币可能也有所接触与认识。然而，学生对古钱币的认识多限于其基本形制，对于钱币相关的金融知识还不太了解。北宋初年，世界第一张纸币交子诞生于成都，从此开启了人类货币史的新纪元。交子的诞生，是成都4500余年城市文明中浓墨重彩的一笔，彰显了成都人民敢为天下先的魄力。所以将主题定为“千年交子，璀璨历史”能够有机融合历史、语文、信息科技、美术等领域的相关知识，对古钱币进行综合探究，让学生感知古钱币背后的文化内涵，根植学生对成都这座城市的家乡情怀。

三、教学目标 •••

（一）学科学业目标

（1）通过实地参观交子金融博物馆，梳理中国古钱币的历史发展脉络，并通过实物史料了解中国古钱币外形、图案和制作工艺的发展变化，增强七年级历史课程中所学习的秦朝统一货币、宋朝的经济等知识点与真实情境的链接。

（2）通过编写交子历史情景剧提升创作和写作能力。

（3）通过线上参观交子金融博物馆，使用网络搜集、整理交子的各种资料，了解线上交子金融博物馆的构成，更新对网络资源的认识。

（4）通过制作交子文化的宣传海报、制作交子文创产品，加深对交子文化的认识。

（二）核心素养目标

（1）通过博物馆中对交子诞生的背景和历史过程的介绍，了解钱币对政治、经济发展和文化交流的重要作用，感知古钱币中蕴含的劳动人民的智慧，感悟古钱币背后的文化内涵，涵养史料实证、时空观念、家国情怀等核心素养。

（2）通过建构真实的情境下的语言运用，增强文化自信，提升语言能力、思维能力、审美创造能力。

（3）通过体验博物馆的虚拟展览、互动式游戏、多媒体使用等信息技术，涵养信息意识、计算思维、数字化学习与创新等核心素养。

（4）在制作宣传海报、文创产品的过程中培养审美能力、创造能力，提高艺术修养。

（三）项目成果目标

（1）小组完成交子金融博物馆资源分布图、资源清单。

（2）小组制作创意传播活动计划书。

（3）小组完成交子文创产品设计。

（4）小组撰写一则交子历史情景剧。

（5）举办交子文化校园展。

四、驱动问题

本项目的核心驱动问题为“如何利用交子金融博物馆资源传播交子文化”，具体分解见表 3-9-2。

表 3-9-2 驱动问题及成果

核心驱动问题	分解驱动问题	阶段任务	阶段成果	最终成果
如何利用交子金融博物馆资源传播交子文化?	交子文化有哪些核心要素?	1. 成立学习小组，分别研究交子文化的不同方面。 2. 搜集并整理相关资料，制作演示文稿或海报，展示交子文化的核心要素。 3. 班级汇总形成交子文化概览文档，作为后续传播的基础。	交子文化核心要素演示文稿、海报以及交子文化概览文档	交子文化校园展
	交子金融博物馆有哪些资源可供利用?	1. 实地参观交子金融博物馆，记录博物馆的展品、展览、互动设施等资源，绘制交子金融博物馆资源分布图，标注关键资源点。 2. 访问交子金融博物馆网站，了解和使用线上资源。 3. 整理一份详细的博物馆资源清单，包括线上和线下资源。	交子金融博物馆资源分布图、资源清单、参观报告	
	如何设计能够吸引观众的交子文化传播活动?	基于交子文化核心要素和博物馆资源，策划创意传播活动，设计制作交子文创产品、编演交子历史情景剧、设计互动游戏等。	活动计划书、文创产品、历史情景剧、互动游戏	
	如何有效利用社交媒体传播交子文化?	研究社交媒体平台的特点和用户群体，设计社交媒体传播策略，设立班级社交媒体账号，发布交子文化传播内容，进行初步推广。	社交媒体传播素材	
	如何评估交子文化传播活动的效果?	1. 确定评估指标，提交评估报告，分析活动效果，总结经验教训，提出改进建议。 2. 设计调查问卷或访谈大纲，收集受众反馈。	评估报告、调查问卷、访谈大纲	

续表

核心驱动问题	分解驱动问题	阶段任务	阶段成果	最终成果
	如何建立长期的交子文化传播机制?	探讨与交子金融博物馆建立长期合作关系的可能性，制订校园内的交子文化传播计划。	合作方案、传播计划、规划书	
	如何在校园展示和宣传交子文化?	举办交子文化校园展，利用多种方式宣传交子文化。	交子文化校园展、宣传视频	

五、项目实施

（一）入项活动

交子与成都有什么历史渊源?

持续时间：2024 年 3 月 8 日（活选课 1 课时）。

教学目标：

揭示钱币与交子之间的历史联系，强调交子作为古代货币革命性创新的重要性；阐述交子对成都乃至中国金融历史的深远影响，指出当前成都人对交子文化认知不足的问题；呼吁利用交子金融博物馆这一平台，加强对交子文化的宣传与教育。

教学活动：

（1）了解钱币与交子的历史纽带。

教师活动：展示不同历史时期的钱币实物或图片，引导学生观察并讨论它们的特点和演变。引出交子，解释它如何作为世界上最早的纸币，在北宋时期由成都商人发明，并逐渐成为广泛流通的货币形式。强调交子不仅革新了货币形态，而且促进了商品经济的发展，对成都乃至整个中国的经济史产生了深远影响。

学生活动：观察钱币实物或图片，思考它们与交子之间的联系。聆听教师讲解，记录关键信息，理解交子的历史地位。小组讨论交子对古代经济生活的影响，分享个人见解。

（2）感受交子与成都之间的深厚渊源。

教师活动：深入讲述交子与成都的紧密联系，包括交子的诞生地、发展历程，以及它对成都经济文化的推动作用。指出尽管交子文化对成都乃至中国金融历史具有重大意义，但当前许多成都人对其了解甚少，甚至忽视其存在。分析造成这一现象的可能原因，如历史教育的缺失、现代生活节奏的加快等。

学生活动：聆听教师讲述，感受交子与成都的深厚渊源。小组讨论为何交子文化在成都未得到足够重视，提出个人看法。认识到作为成都人，有责任了解和传承交子文化。为进一步宣扬交子文化，让我们一起利用交子金融博物馆来宣传交子文化吧！

（二）分解驱动问题 1

交子文化有哪些核心要素？

持续时间：2024 年 3 月 15 日—3 月 22 日（1 周）。

教学活动：

（1）成立学习小组，分配任务。

教师明确交子文化研究的核心问题，并简要介绍交子文化的背景。

学生根据兴趣和专长分为不同的学习小组，每组分配一个不同方向的研究任务，如历史背景、经济影响、文化价值、社会习俗、艺术表现等。教师提供研究指南，包括研究目的、资料来源、研究方法等，确保每组都有明确的研究路径。

（2）搜集整理资料，提取信息。

各组学生在教师指导下，利用图书馆、互联网等资源，搜集与研究方向相关的历史文献、学术论文、新闻报道、图片和视频等素材，并对搜集的资料进行筛选、整理和归纳，提取出与交子文化核心要素相关的信息。

教师定期检查各组的研究进展，提供必要的指导和支持。

（3）制作演示文稿或海报，展示交子文化的核心要素。

演示文稿或海报的内容应包括研究方向概述、提炼的核心要素、相关图片或图表等，以直观、生动的方式展示研究成果。

教师提供制作演示文稿或海报的技巧指导，如布局设计、颜色搭配、文字排版等，确保展示效果良好。

（4）班级展示，介绍研究成果。

各组依次展示演示文稿或海报，介绍研究成果，并重点阐述交子文化的核心要素。

展示过程中，教师和其他学生可以提问，促进深入讨论和交流。

展示结束后，教师组织全班进行点评和总结，肯定各组的研究成果，指出存在的问题和改进方向。

（5）班级汇总，形成文档。

在各组展示的基础上，教师引导学生将研究成果汇总，形成交子文化概览文档。文档应包含交子文化的各个方面，以及各组提炼出的核心要素。

教师对文档进行审阅和修改，确保其准确性和完整性，作为后续传播的基础。

设计思路：

本阶段的教学活动旨在深入挖掘交子文化的核心要素，通过为期一周的集中研究，使学生全面了解交子文化的历史底蕴与现代价值。首先，通过成立学习小组并分配任务，确保每个学生都能根据自己的兴趣和专长深入研究交子文化的不同方面，从而增强学习的主动性，提高学习的深度和广度。其次，通过搜集整理资料和提取信息，培养学生的信息筛选和归纳能力，同时确保研究内容的准确性和全面性。再次，通过制作演示文稿或海报，不仅锻炼学生的创意表达和视觉设计能力，还能让学生以直观的方式展示研究成果，从而增强学习效果。班级展示环节则促进了学生之间的交流与互动，通过提问和讨论，进一步深化对交子文化的理解。最后，通过班级汇总形成文档，不仅总结了研究成果，还为后续的交子文化传播和推广打下了坚实的基础。整个教学活动设计注重学生的主体性和实践性，旨在通过多元化的学习方式，全面揭示交子文化的核心要素，增强学生的文化自信和历史责任感。

（三）分解驱动问题 2

交子金融博物馆有哪些资源可供利用？

持续时间：2024 年 3 月 25 日—3 月 29 日（1 周）。

教学活动：

（1）导入：教师向学生介绍交子金融博物馆，强调其作为全国首家以“交子”为主题的金融行业博物馆的重要地位，以及其在金融文化、历史教育方面的独特价值。说明本节课的教学目标是了解交子金融博物馆的资源，并学会如何利用这些资源进行学习和探索。

（2）实地参观交子金融博物馆。

①参观展品。参观博物馆的两个常设展厅——“裂纸为币”和“交行天下”。前者展示了交子诞生前古代货币的发展历程，后者揭示了交子的发行管理机构、制度以及对后世纸币的影响。

教师提醒学生注意观察展品，记录关键信息，如交子的诞生背景、演变历程、管理制度等。

②体验互动设施。体验博物馆内的互动展项，如“贝字游戏”“铜钱兑飞钱”“交子行市图”“设计属于你的交子”等。这些展项通过游戏化、互动化的方式，使抽象、晦涩的金融货币知识变得简单、生动。

教师鼓励学生积极参与，通过实践加深对金融知识的理解和记忆。

③记录观察与思考。边参观边记录自己的观察与思考，包括展品的特点、互动设施的体验感受等。思考交子作为世界上最早的纸币，其背后的历史意义和文化价值。

（3）绘制交子金融博物馆分布图。

结束参观后，绘制交子金融博物馆资源分布图，标注关键资源点。

（4）利用线上资源。

①访问博物馆网站。访问交子金融博物馆网站，了解博物馆的线上资源，如虚拟展览、教育课程等。

教师指导学生如何浏览网站，查找相关信息。

②观看虚拟展览。观看博物馆的虚拟展览，通过虚拟现实技术，身临其境地感受博物馆的展品和展览。结合实地观展的经验，对比虚拟展览与实体展览的异同，加深对展品的理解和记忆。

③参与教育课程。参与博物馆提供的线上教育课程，如“交子云观展”线上研学课

程等。

教师鼓励学生积极参与课程中的讨论和互动，与同学分享自己的学习心得和体会。

（5）分享交流，总结归纳。

①分享交流。教师邀请学生分享自己在实地考察和线上资源利用过程中的收获和体会。

鼓励学生提出自己的问题和疑惑，进行集体讨论和解答。

②总结归纳。总结交子金融博物馆的资源，整理出一份详细的博物馆资源清单，包括线下的展品、展览、互动设施以及线上资源等。

教师强调这些资源在金融文化、历史教育方面的重要作用，以及如何利用这些资源进行学习和探索。

（6）课后作业：撰写一篇关于交子金融博物馆的参观报告，包括实地参观和线上资源利用的体验和感受。结合自己的生活经验和所学知识，对交子的历史意义和文化价值进行深入思考和探讨。

设计思路：

本阶段的教学活动旨在充分利用交子金融博物馆的丰富资源，通过实地参观与线上学习的结合，引导学生深入了解交子金融文化的精髓。首先，通过导入环节，激发学生对交子金融博物馆的兴趣和好奇心，明确学习目标。随后，组织实地参观，让学生亲身体验博物馆的展品和互动设施，通过观察和记录，直观感受交子的历史演变和文化价值。绘制交子金融博物馆资源分布图则帮助学生构建对博物馆资源的整体认知。同时，充分利用线上资源，如访问博物馆网站、观看虚拟展览和参与线上教育课程，进一步拓宽学生的学习渠道，加深学生对金融知识的理解。在分享交流环节，鼓励学生表达个人见解，促进思维碰撞，而总结归纳则帮助学生系统梳理所学知识，形成完整的博物馆资源清单。最后，通过撰写参观报告，引导学生将所学知识与个人经验相结合，深入思考交子的历史意义和文化价值，培养学生的批判性思维和综合分析能力。整个教学活动设计注重实践性和互动性，旨在通过多元化的学习方式，全面提升学生的金融文化素养。

（四）分解驱动问题 3

如何设计能够吸引观众的交子文化传播活动？

持续时间：2024年4月1日—4月5日（1周）。

教学活动：

（1）分组设计活动。

教师将学生分为三个小组，每组负责设计一项活动。

文创产品设计组：负责设计并制作关于交子的文创产品，如交子样式的书签、笔记本、纪念币等。

历史情景剧组：负责编写并表演关于交子的历史情景剧，展现交子的诞生、流通及其对社会经济的影响。

互动游戏设计组：设计一款以交子文化为主题的互动游戏，如“交子寻宝”“交子知识问答”等。

（2）制订活动计划。

各组分别制订活动计划（见图3-9-1）。活动计划的内容应包括目标受众、活动内容、时间安排等。

目标受众：青少年学生和金融文化爱好者。

活动内容：文创产品设计组展示并介绍文创产品的设计理念、制作过程及文化寓意；历史情景剧组表演历史情景剧，并通过旁白或解说词解读剧情的历史背景和背后的文化意义；互动游戏设计组组织观众参与互动游戏，通过游戏加深对交子文化的理解和记忆。

时间安排：包括文创产品展示、历史情景剧表演、互动游戏环节以及观众互动和问答时间安排。

教师引导学生整合交子金融博物馆的资源，如展品图片、历史文献、专家讲座视频等，丰富活动内容。

（3）活动实施与反馈。

①活动实施。

文创产品展示：由文创产品设计组展示并介绍文创作品，观众可以近距离观赏并“购买”。

历史情景剧表演：由历史情景剧组进行表演，通过生动的剧情和人物塑造，让观众感受交子文化的魅力。

互动游戏：由互动游戏设计组组织观众参与游戏，通过趣味方式传播交子文化。

②观众反馈。活动结束后，邀请观众填写问卷，收集他们对活动的意见和建议。

（4）总结与反思。

教师引导学生总结活动实施过程中的经验教训，反思如何进一步优化活动设计，提高传播效果。

活动名称：交子文化创意传播活动

目标受众：青少年学生和金融文化爱好者

活动内容：

·文创产品展示

展示文创产品设计组的作品，包括交子样式的书签、笔记本、纪念币等。

设计师介绍设计理念、制作过程及文化寓意。

·历史情景剧表演

表演关于交子的历史情景剧，展现交子的诞生、流通及其对社会经济的影响。

通过旁白或解说词解读剧情背后的历史背景和文化意义。

·互动游戏环节

组织观众参与“交子寻宝”游戏，通过寻找隐藏的交子图案，了解交子的流通方式。

举办“交子知识问答”竞赛，测试观众对交子文化的了解程度。

·观众互动与问答

邀请观众提问，由文创产品设计组、历史情景剧组和互动游戏设计组进行解答。

收集观众对活动的意见和建议。

图 3-9-1　活动计划书示例

设计思路：

为了设计能够吸引观众的交子文化传播活动，我们采取了一种参与式与体验式相结合的策略。首先，通过分组设计活动，激发学生的创造力和团队协作精神，确保活动内容既富有创意又贴近观众需求。文创产品设计组通过实物展示，让观众在欣赏和“购买”中感受交子文化的魅力；历史情景剧组通过生动的表演，再现交子的历史场景，引发观众的情感共鸣；互动游戏设计组则通过趣味游戏，让观众在轻松愉快的氛围中学习交子知识。其次，制订详细的活动计划，明确目标受众、活动内容和时间安排，确保活动有序进行。同时，整合交子金融博物馆的资源，丰富活动内容，提升活动的专业性和深度。最后，通过活动实施与反馈，收集观众的意见和建议，为活动的总结与反思提供宝贵依据。总结与反思环节旨在提炼成功经验，改进不足之处，为未来的交子文化传播活动提供有益的参考，确保活动效果持续优化，吸引更多观众参与。

（五）分解驱动问题 4

如何有效利用社交媒体传播交子文化？

持续时间：2024 年 4 月 7 日—4 月 11 日（1 周）。

教学活动：

（1）引入阶段。

①明确目标。教师向学生介绍社交媒体在现代文化传播中的重要性，特别是针对交子文化这一具有深厚历史底蕴的主题，如何通过社交媒体平台进行有效传播。

②分析平台特点。教师简要概述微博、微信、抖音等社交媒体平台的特点和用户群体特征，如微博的开放性、微信的私密性与社群性、抖音的短视频与年轻化趋势等。

（2）研究与分析阶段。

①分组研究。教师将学生分为三组，每组负责一个社交媒体平台的研究。

微博组：分析微博用户偏好、热门话题类型、内容传播规律。

微信组：研究微信公众号文章风格、社群运营策略、用户互动习惯。

抖音组：探索抖音短视频内容趋势、热门挑战、用户观看习惯。

②汇报分享。各组分享研究成果，讨论如何结合交子文化特点，制定针对性的传播策略。

（3）策略制定与内容创作阶段。

①制定传播策略。各组根据上一阶段的讨论结果，制定本组的传播策略。传播策略应包括如下要点。

内容创作：根据平台特点，设计适合的图片、视频、文案等内容。例如，针对微博平台，可发布交子文化小知识、历史趣闻；针对微信平台，可撰写深度文章，讲述交子背后的故事；针对抖音平台，则制作短视频，展示交子制作工艺或趣味互动。

发布时间：根据用户活跃时间，选择最佳发布时段。例如，微博内容可在早晚高峰时段发布，微信文章可在晚上用户空闲时推送，抖音视频则利用周末和节假日进行重点推广。

互动方式：设计互动环节，如问答、投票、挑战赛等，增加用户参与度和黏性。

②内容创作实践。各组进行内容创作，包括图片设计、视频剪辑、文案撰写等，教师提供必要的指导和技术支持。

（4）账号设立与发布阶段。

①设立班级社交媒体账号。在选定的社交媒体平台上设立班级账号，用于发布交子文化传播内容。

②发布内容。将创作好的图片、视频、文案等内容，按照策略规划的时间发布到相应平台。

③初步推广。利用班级内部资源，如微信群、朋友圈等，进行初步推广，吸引首批关注者。

（5）互动与反馈阶段。

①监测数据。教师指导学生如何查看社交媒体账号的数据，如阅读量、点赞数、评论数等，了解内容传播效果。

②互动回应。教师鼓励学生积极回应评论和私信，与用户建立良好互动，收集用户反馈。

③调整策略。各组根据数据反馈和用户意见，调整传播策略和内容创作方向，持续优化传播效果。

④阶段成果展示。

制作社交媒体传播素材：各组展示自己创作的图片、视频、文案等传播素材，分享创作过程中的思考和收获。

班级社交媒体账号展示：学生代表展示班级在社交媒体平台上发布的交子文化传播内容，以及初步推广的成果，如关注者数量、互动情况等。

设计思路：

本阶段的教学活动旨在探索如何有效利用社交媒体传播交子文化，通过理论与实践相结合的方式，提升学生的文化传播能力。在引入阶段，通过明确目标和平台特点分析，学生认识到社交媒体在文化传播中的重要性，并了解不同平台的特性和用户群体。在研究与分析阶段，通过分组研究各社交媒体平台的用户偏好和内容传播规律，学生深入掌握平台特点，为制定针对性的传播策略打下基础。在策略制定与内容创作阶段，学生根据平台特性和交子文化特点，制定传播策略并进行内容创作，锻炼内容创作和策略规划能力。在账号设立与发布阶段，通过设立班级社交媒体账号并发布内容，学生亲身体验社交媒体传播的全过程，同时利用初步推广吸引关注者。在互动与反馈阶段，通过监测数据、互动回应和调整策略，学生学会根据用户反馈优化传播效果，提升数据分析和用户互动能力。最后，通过阶段成果展示，学生分享创作过程和收获，展示班级在社交媒体平台上的传播成果，进一步巩固学习成果。整个教学活动注重实践性和互动性，旨在通过实际操作和团队协作，提升学生的文化传播能力和综合素养。

（六）分解驱动问题 5

如何评估交子文化传播活动的效果？

持续时间：2024 年 4 月 13 日—4 月 17 日（1 周）。

教学活动：

（1）明确评估目标与方法。

①引入评估重要性。教师向学生强调评估活动效果对于了解传播成效、优化传播策略的重要性。

②确定评估指标。

观众参与度：包括现场参与人数、活动持续时间内的观众流动情况、互动环节参与情况等。

社交媒体互动量：如微博转发、评论、点赞数，微信公众号阅读量、分享次数，抖音视频观看量、点赞、评论及分享数等。

媒体报道：传统媒体及网络媒体的报道数量、质量、覆盖范围及影响力。

受众反馈：通过问卷调查、访谈等方式收集的受众对活动内容的满意度、认知提升情况、情感共鸣程度等。

（2）设计评估工具。

①调查问卷设计。

目标受众：确定问卷的调查对象，如现场观众、社交媒体关注者、媒体受众等。

问题设计：活动参与度相关问题，如“您是如何得知本次活动的”“您参与了活动的哪些环节”等；内容满意度相关问题，如“您对活动内容是否满意”“活动中哪个部分最吸引您”等；认知提升相关问题，如“通过本次活动，您对交子文化的了解程度有何变化”等；改进建议相关问题，如“您认为本次活动有哪些方面可以改进”等。

数据收集与分析：确定问卷发放方式（线上或线下）、收集周期与数据分析工具。

②访谈大纲设计。

访谈对象：选择有代表性的受众进行深度访谈，如活动组织者、志愿者、媒体代表等。

访谈问题：活动组织与实施方面，如“您认为活动组织得如何”“活动有哪些亮点和不足之处”等；内容创新与传播效果方面，如“活动内容是否新颖有趣”“您认为活动对交子文化的传播效果如何”等；受众反馈与改进建议方面，如“您对活动有哪些具体的改进建议”等。

（3）实施评估与收集反馈。

①问卷发放与回收。在线上（社交媒体、电子邮箱等）、线下（活动现场）发放问卷，并设定合理的回收期限。

②访谈实施。根据访谈大纲，对选定的访谈对象进行深度访谈，记录访谈内容。

③数据整理与分析。对收集的问卷数据和访谈记录进行整理，运用统计分析软件或采用人工分析方式，提炼关键信息。

（4）撰写评估报告与提出改进建议。

①撰写评估报告。

概述：简要介绍评估背景、目的、方法及过程。

数据分析：对观众参与度、社交媒体互动量、媒体报道及受众反馈等评估指标的数据进行详细分析。

效果评估：基于数据分析结果，对活动效果进行综合评价。

经验教训：总结活动组织、内容创新、传播策略等方面的经验教训。

②提出改进建议。

根据评估结果，针对活动中存在的问题和不足，提出具体的改进建议，如增强互动环节效果、优化社交媒体传播策略、加强媒体合作等。

为下次活动做准备，制订初步的优化方案和实施计划。

（5）阶段成果展示。

①提交评估报告。各组展示评估报告，详细汇报评估过程、数据分析结果、效果评估及改进建议。

②经验分享与讨论。教师组织学生进行经验分享与讨论，鼓励大家相互学习，共同提升活动策划与评估能力。

设计思路：

通过完成这一阶段的任务，学生不仅能够学会如何评估文化传播活动的效果，而且能够在实践中总结经验教训，提出改进建议，为未来的文化传播活动提供有价值的参考。

（七）分解驱动问题 6

如何建立长期的交子文化传播机制？

持续时间：2024 年 4 月 18 日（1 天）。

教学活动：

（1）启发思考，分组讨论。

①启发思考。教师向学生介绍交子金融博物馆的特色资源，如珍贵文物、专业展览、历史文献等。强调交子文化在校园传播的重要性，鼓励学生思考如何将交子文化与

校园生活紧密结合。

②分组讨论。教师将学生分成若干小组，每组 4~6 人，确保小组成员具有多样化的背景和兴趣。设定讨论主题："如何与交子金融博物馆建立长期合作关系，推动校园交子文化传播？"

（2）构想合作方案，制订校园传播计划。

①构想合作方案。教师引导学生从志愿者项目、教育课程合作、实习与实践机会等角度思考合作方案。鼓励小组内成员相互启发，提出创新性的合作思路。

②制订校园传播计划。先设定校园传播目标，如提升学生对交子文化的认知度、增强文化自信等。再设计具体的传播计划，如设立交子文化角、举办定期讲座、组织文化体验活动等。教师向学生强调计划的可行性和可持续性，确保计划能够长期稳定实施。

（3）展示方案，反馈与讨论。

①展示方案。各小组派代表上台展示合作方案与校园传播计划，包括合作目标、具体项目、实施步骤等。

教师鼓励学生在展示过程中使用多媒体辅助手段，如演示文稿、视频等，以增强展示效果。

②反馈与讨论。其他小组和教师进行点评，提出建设性意见和建议。

教师鼓励学生相互学习，吸收其他小组的优秀想法，进一步完善自己的方案。

（4）整合意见，提交初步规划书。

①整合意见。各小组根据反馈意见，对合作方案与校园传播计划进行整合与修订。

教师向学生强调团队合作的重要性，鼓励小组成员共同协商，达成共识。

②提交初步规划书。各小组将修订后的合作方案与校园传播计划整理成初步规划书，提交给教师审阅。

（5）教师指导，完善规划书。

①教师指导。教师对初步规划书进行审阅，提出修改意见和建议。向学生强调规划书的逻辑性和条理性，确保内容清晰、完整。

②完善规划书。学生根据教师的指导，对规划书进行最后的完善，确保符合实际需求和评估标准。

（6）初步建立合作关系与试点项目准备（课后作业）。

①联系博物馆。教师鼓励学生在课后主动与交子金融博物馆取得联系，介绍合作方案及校园传播计划，寻求合作机会。

②试点项目准备。根据博物馆的反馈，选择一到两个试点项目进行合作，如志愿者招募与培训、讲座举办等。

③制订详细的实施计划，包括时间表、预算、人员分工等，为试点项目的顺利开展做好准备。

设计思路：

通过完成这一阶段的任务，学生不仅能够锻炼沟通能力和团队协作能力，而且能够深入了解如何与外部机构建立长期合作关系，推动校园文化的传播与发展。

（八）分解驱动问题 7

如何在校园展示和宣传交子文化？

持续时间：2024 年 4 月 19 日（1 天）。

教学活动：

（1）在校园中举办交子文化展，利用多种方式宣传交子文化。

（2）活动结束后，教师和学生进行复盘反思。教师鼓励学生撰写学习心得，反思自己在项目式学习中的收获和不足，并提出个人改进计划。同时，教师也反思项目过程中的得与失，不断优化教学策略和方法。

设计思路：

给予学生展示空间，让他们分享自己的成果，并激发更多人对交子文化的关注和了解。通过复盘反思，引导学生回顾整个项目过程，帮助学生总结项目经验，并促进学生自我认知与能力提升。

六、项目评价

此次活动主要进行过程性评价、表现性评价、发展性评价，评价主体多元，包含自评、组评与师评。既保证了评价的民主化和人性化，又强调了评价内容的多元化以及评价主体间的互动。这三种评价方式的结合，可以从多个角度全面评价学生的学习情况，避免单一评价的片面性。本次项目式学习评价方案见表 3-9-3。

表 3-9-3 “千年交子，璀璨历史”项目式学习评价方案

成果 / 表现	教学目标	评价维度	评价者	评价时机
交子文化核心要素演示文稿、海报展示	基于交子金融博物馆资源，内容涵盖博物馆的历史背景、关键资源点以及交子文化核心要素。	内容完整性、创意性、视觉效果及演讲技巧	教师、学生	形成性评价（在实施过程中选出最优）
交子金融博物馆资源分布图	能小组合作共同绘制一张清晰的资源分布图，准确标注博物馆内关键资源点，便于后续活动策划和参观导航。	准确性、清晰度、标注完整性	教师	形成性评价（本阶段实施过程中）
博物馆资源清单	能整理出一份详细的博物馆资源清单，包括线上资源，如官方网站、虚拟展览、教育课程等，以及线下资源，如实体展品、展览空间、互动活动等。	资源丰富性、分类清晰、信息准确性	教师	终结性评价（本阶段结束后）
交子文创产品	能设计并制作出不同形式不同功能的交子文创产品。	创意性、文化性、功能性	教师、学生	形成性评价（本阶段实施过程中）
活动计划书	能通过小组讨论，共同编制活动计划书，内容包括活动目的、目标受众、活动内容、时间安排、资源需求等。	创意性、可行性、文化深度、参与度预期	教师	形成性评价（本阶段实施过程中）
交子文化社交媒体传播活动	能设立班级社交媒体账号，在微博、微信、抖音等社交媒体平台上发布交子文化传播内容，如活动预告、文化解读、互动话题等。	账号活跃度、内容质量、粉丝互动、传播效果	账号数据	终结性评价（本阶段结束后）
校园交子文化展	策划一次校园交子文化展览，利用多种方式宣传交子文化。	内容丰富性、历史文化价值、形式创新性、观众体验感	教师、学生	终结性评价（本阶段结束后）

七、项目反思

（一）教师反思

本次项目式学习依托交子金融博物馆，主要分为两大板块：一是线上“云”游博物馆，作为校内的活动课程以活选课的形式开展；二是线下在交子金融博物馆中研学，并完成成果展示。本案例的设计立足历史学科五大核心素养，参考了《义务教育历史课程标准（2022年版）》中的跨学科主题学习案例。美中不足的是，在本次项目式学习活动中，没能全面利用交子金融博物馆的资源，如对博物馆中的线下信息资源没能进行很好的利用。另外，如何更自然地将多个学科融合在教学过程中而不是拼盘化，是目前尚未做好的地方，这也是未来的改进方向。

（二）学生反思

在这次项目式学习中，我深刻体会到了团队合作的力量和深入探索文化的乐趣。一开始，我们对交子金融博物馆的了解仅限于一些基本的介绍和网上的资料，但通过实地考察、资料搜集和小组讨论，我们逐渐挖掘出了这座博物馆背后的丰富故事和深厚文化底蕴。

在项目策划阶段，我们小组虽然遇到了不少困难，例如，如何平衡每个人的想法，如何确保活动内容的丰富性和吸引力等，但大家都没有放弃，而是积极沟通、集思广益，最终制定出了一个既有趣又富有教育意义的活动方案。这个过程让我学会了如何在团队中发挥自己的优势，同时也更加尊重和理解了其他成员的想法。

在项目实施过程中，我们遇到了不少挑战，如时间紧迫、资源有限等。但正是这些挑战，让我们更加珍惜每一次的交流和合作机会，也更加努力地寻找解决问题的办法。通过不断地尝试和调整，我们最终成功地完成了各项任务，包括制作演示文稿、绘制资源分布图、整理资源清单等。

在成果展示环节，虽然我们小组的表现还有一些不足，比如展示时过于紧张、对观众的反馈回应不够及时等，但看到观众对我们项目的认可和赞赏，我感到非常自豪和满足。这次经历让我更加自信，也更加明白了努力付出总会有回报的道理。

在反思与改进环节，我意识到自己在项目策划和实施过程中还有很多需要提升的地方，如对时间的把控、对细节的关注等。同时，我也看到了其他成员身上的闪光点，例如，有的同学在资料搜集方面非常擅长，有的同学在沟通协调方面做得很好。这些优点都是我未来需要学习和借鉴的。

总的来说，这次项目式学习让我收获颇丰，不仅加深了我对交子文化的了解，而且锻炼了我的团队合作、问题解决和创新能力。在未来的学习和生活中，我会更加珍惜这样的机会，不断提升自己的能力和水平。

案例 10 忆革命先驱 担时代使命

王静
山西省介休市第二中学校

一、项目简介

“我们自古以来，就有埋头苦干的人，有拼命硬干的人，有为民请命的人，有舍身求法的人——这就是中国的脊梁。”历史的主角永远都是人物，一个个英雄人物谱写了一首首时代的赞歌。辛亥革命是中国近代史的里程碑，辛亥革命前后和革命期间涌现出的大量英雄人物，为推动中国历史发展进程做出了卓越贡献。本次项目式学习通过看电影感受英雄人物、通过辩论赛感受时代变迁、通过小短剧演绎英雄人物，对于引导青少年践行社会主义核心价值观、向英雄学习、涵养爱国主义情怀、坚定社会主义理想信念，起到了重要作用。该项目式学习还是对爱国主义教育思政课的积极实践，增强了青少年的民族自豪感，能够引导学生树立正确的世界观、人生观、价值观，提高他们的社会责任感。本项目历时 4 周，学生经历了驱动问题的确定、项目启动、解决问题产生成果、成果展示、回顾项目五个阶段。在活动过程中培养学生的问题意识、创新意识以及合作探究、解决问题等能力。本项目信息见表 3-10-1。

表 3-10-1 项目信息卡

基本信息	项目名称	忆革命先驱 担时代使命
	项目持续时间	2023 年 9 月 27 日—10 月 26 日（4 周）
	核心驱动问题	辛亥革命前后和革命期间出现了很多英雄人物，如孙中山、黄兴、秋瑾、林觉民等，你最钦佩的是谁?
	学科	历史、语文、道德与法治、信息科技
学生团队	项目年级	八年级
	实施团队	八年级 428 班
	参与人数	52 人
指导团队	项目设计	王静
	指导教师	程云

二、项目依据

（一）现实依据

辛亥革命是中国近代史上的一个重大事件。它以推翻清朝政府、建立民主共和国、实现民族独立和国家现代化为目标，其思想和理念为中国的政治、经济、文化和教育等领域的发展奠定了基础，提供了方向，标志着中国从传统社会向现代社会的转型，也为中国的现代化进程提供了动力，打开了中国进步的闸门，点燃了振兴中华的希望，对中国历史产生了深远影响。

2021 年，习近平总书记在纪念辛亥革命 110 周年大会上的讲话中指出："今年是辛亥革命 110 周年，是中国共产党成立 100 周年，中国人民正意气风发向着全面建成社会主义现代化强国的第二个百年奋斗目标迈进。"他呼吁："海内外全体中华儿女更加紧密地团结起来，发扬孙中山先生等辛亥革命先驱的伟大精神，携手向着中华民族伟大复兴的目标继续奋勇前进！"该项目的探索过程不仅有利于学生对重要史实的掌握和认知，而且对于引导学生践行爱国主义，培育学生勇于创新、敢于拼搏的革命精神，鼓舞学生为实现中华民族伟大复兴而奋斗，都具有极大的现实意义。

（二）课标依据

该项目的开展是对《义务教育历史课程标准（2022 年版）》课程理念的积极落实：立足学生核心素养发展，充分发挥历史课程的育人功能；树立以学生为主体的教学观念，注重学生自主探究的学习活动，鼓励教学方式的创新；综合运用多种评价方式和方法，发挥评价促进学习和改进教学的功能。

《义务教育历史课程标准（2022 年版）》在中国近代史课程的内容要求中提出，"通过了解孙中山等民主革命先行者早年的革命活动、武昌起义及中华民国成立的史事，认识辛亥革命的历史意义及局限性"。在教学提示中，也明确提出"观看近代历史题材的影视作品，撰写观后感，进行交流"，以及"围绕中国近代重要的史事，采用个人与小组相结合的方式，搜集相关史料，深入研讨，撰写历史小论文"（所选历史人物即包括孙中山）的相关要求。另外，学业要求中也提及能够了解"中国近代史上重要的事件、人物、现象等，知道这些史事发生的时间和地点、原因和结果，初步养成历史时序意识和历史空间感”，以及“通过学习近代历史，知道民族民主革命的艰巨性，学习仁人志士为救国救民而英勇斗争的精神，坚定为中华民族伟大复兴而奋斗的信念”。

《义务教育历史课程标准（2022 年版）》中的跨学科学习主题“看电影，学历史”为本项目的实施提供了明确的方向。学生在享受电影艺术的同时，通过撰写观后感、影评，制作手抄报，编演小短剧等方式，将历史学科与语文、信息科技等学科相融合，形成良好的认知和表达，实现跨学科学习。

在本次项目式学习中，学生通过观影、撰写影评或观后感，参加辩论赛、演短剧等，落实了《义务教育语文课程标准（2022 年版）》中“能根据需要，用书面语言具体明确、文从字顺地表达自己的见闻、体验和想法”和“体认英雄模范忠于祖国和人民的优秀品质，培育民族气节和爱国主义情怀”的要求，以及《义务教育道德与法治课程标准（2022 年版）》中“了解在民族独立、人民解放斗争中涌现出的革命领袖和英雄人物”“学习我国近代抵抗外来侵略的革命领袖和英雄人物的伟大精神”的要求。

《义务教育信息科技课程标准（2022 年版）》中也有相关规定：“根据任务要求，借助在线平台与合作伙伴协作设计和创作作品”，落实“做中学”“用中学”“创中学”。

（三）教材依据

“辛亥革命”是《中国历史》八年级上册第三单元第 9 课的内容，与前后课文的内容也有关联：侵华史实，如甲午战争、八国联军侵华战争等；中国人民的抗争，如太平天国运动等；近代化的早期探索，如洋务运动、戊戌变法运动；孙中山先生早年的革命活动、中华民国的创建等内容。

本项目结合历史教材中“辛亥革命”的内容进行拓展，撰写影评或观后感、参加辩论赛、演短剧，制作演示文稿等，都需要用到语文、道德与法治、信息科技教材中的相关知识。

三、教学目标

（一）学科学业目标

（1）通过制作时间轴和思维导图等方式，将武昌起义、孙中山等重要的事件和人物置于正确的时间和空间之中；通过各类史料的辨别和运用，对辛亥革命的背景、过程、影响进行简要说明，表达自己的看法，表现出正确的价值判断。学科素养更好的学生可以运用唯物史观，对重大历史事件和现象作出合理的解释和评价，从而达到“掌握历史发展过程中的重要史事”的学业质量标准。

（2）梳理历史发展的线索，厘清事件之间的联系，认识历史发展的必然趋势；从现代化的角度，初步分析辛亥革命对政治、经济、文化等方面的推动作用，体会不同史事之间的因果联系。

（3）通过掌握辛亥革命相关史实以及与其他事件的联系，了解它的爆发是半殖民地半封建社会的中国必然的结果，认识历史发展的趋势，体会民主革命的艰难，从而达到“认识历史发展的基本规律和大趋势”的学业质量标准。

（二）核心素养目标

本项目式学习旨在积极落实《义务教育历史课程标准（2022 年版）》提出的历史学科五大核心素养，即时空观念、史料实证、历史解释、唯物史观和家国情怀。

（1）通过对辛亥革命历程的探索，将一定的历史事件、历史人物、现象置于特定的时空框架中，并相互关联，以宏观与微观相结合的视角，整体把握历史发展脉络，对具体时空条件下的历史史实作出相对合理的解释，提升将历史人物和事件放在具体的历史条件下分析的能力。（时空观念）

（2）在完成项目任务的过程中，通过大量搜集、整理史料，并对这些史料进行筛选、辨析和考证，对涉及的影音资料、文字材料进行合理的整理和选择，试图还原真实的历史史实，去伪存真，去粗取精，养成客观严谨的治学态度和高度的证据意识，形成史料实证的态度与方法，做到论从史出。（史料实证）

（3）在探究学习的过程中，通过对信息的处理，辨别历史史实、历史解释、历史结论、历史观点等。以史料为基础，对历史事物和现象进行理性分析和客观评判，最终形

成自己对史实的解读和看法，提高叙述历史和形成历史认识的能力。（历史解释）

（4）通过观看电影以及研读教师补充的史料，认识到革命的爆发是由中国当时社会的民族危机和社会危机决定的，是历史发展的必然趋势，具有不以人的意志为转移的历史必然性；孙中山先生革命思想的形成，得益于早年的教育背景，也是历经太平天国运动、洋务运动、戊戌变法等早期探索之后逐步形成的，它根植于中国特定的社会经济环境之中，这正是“社会存在决定社会意识”的最好体现。通过探究辛亥革命的影响，一方面认识到辛亥革命在政治、经济、思想文化方面产生的进步性，另一方面也要认识到它的历史局限性，学会辩证地认识历史现象。（唯物史观）

（5）在项目式学习中，运用各种方法，实现与历史人物对话，从而产生共情，理解孙中山等革命志士面对国家危难做出的历史抉择，认识到民主革命任务之艰巨、过程之艰难、精神之宝贵。崇尚英雄气概，传承民族气节，为更好地践行社会主义核心价值观奠定基础，涵养家国情怀，激发爱国热情和历史责任感，形成正确的世界观、人生观、价值观。

（三）项目成果目标

（1）撰写观后感或者影评。

（2）辩论赛展示。

（3）编演小短剧或撰写演讲稿、小论文，制作手抄报。

四、驱动问题

本项目的核心驱动问题为“辛亥革命前后和革命期间出现了很多英雄人物，如孙中山、黄兴、秋瑾、林觉民等，你最钦佩的是谁”，具体分解见表 3-10-2。

表 3-10-2 驱动问题及成果

核心驱动问题	分解驱动问题	阶段任务	阶段成果	最终成果
辛亥革命前后和革命期间出现了很多英雄人物，如孙中山、黄兴、秋瑾、林觉民等，你最钦佩的是谁？	看完电影的感受是什么？	看电影，感受英雄人物。	影评、观后感	辛亥英雄介绍会
	辛亥革命是没有结果的花吗？	开展辩论赛，分析革命影响。	体现辛亥革命进步性或局限性的幻灯片、年代尺、思维导图等	
	你想用什么样的方式介绍自己心目中的英雄人物？	通过多种方式介绍英雄人物。	介绍英雄人物的小短剧、演讲稿、小论文、手抄报，以及配套的幻灯片	

五、项目实施

（一）入项活动

辛亥革命前后和革命期间，你最敬佩的英雄人物是谁？

持续时间： 2023 年 9 月 27 日（1 课时）。

教学活动：

（1）视频导入：2021 年纪念辛亥革命 110 周年大会的新闻报道（3~5 分钟）。

教师提问：我们可以从视频中获取到哪些信息？

教师总结：辛亥革命作为一次具有重大历史意义的资产阶级民主革命，是中国人民救亡图存、振兴中华的里程碑。该题材受到很多导演的青睐，已被多次搬上银幕。今天我们将通过电影来了解辛亥革命，请大家观看电影片花。

（2）播放电影《辛亥革命》《建党伟业》《十月围城》片花，并提问：你喜欢其中哪一部电影？请用一句话说明你喜欢的理由。

（3）提出驱动性任务：辛亥革命前后和革命期间出现了很多英雄人物，如孙中山、黄兴、秋瑾、林觉民等，你最钦佩的是谁？理由是什么？请以自己喜欢的方式，如小短剧或演讲稿、小论文、手抄报等，介绍你心目中的英雄。

（4）结合学生对三部影片的个人偏好，兼顾学情，引导全班学生分为三个大组，分别是《辛亥革命》组、《建党伟业》组、《十月围城》组，并选出组长。

（5）布置任务清单，见表 3-10-3。

表 3-10-3　组员任务清单（样例）

<table>
<tr><th colspan="4">阶段任务 1、阶段任务 2</th></tr>
<tr><td>1</td><td>影评</td><td colspan="2"></td></tr>
<tr><td>2</td><td>提出疑惑并展示搜集的证据</td><td colspan="2"></td></tr>
<tr><td>3</td><td>影片所反映的课本没有提及的史实</td><td colspan="2"></td></tr>
<tr><td>4</td><td>点评其他组表现</td><td colspan="2"></td></tr>
<tr><td rowspan="9">5</td><td rowspan="9">辩论赛：
________组</td><td>a. 政治方面</td><td></td></tr>
<tr><td>b. 经济方面</td><td></td></tr>
<tr><td>c. 思想文化</td><td></td></tr>
<tr><td>d. 社会生活</td><td></td></tr>
<tr><td>e.</td><td></td></tr>
<tr><td>f.</td><td></td></tr>
<tr><td>g.</td><td></td></tr>
<tr><td>h.</td><td></td></tr>
<tr><td>小组互评</td><td></td></tr>
<tr><th colspan="4">阶段任务 3</th></tr>
<tr><td rowspan="2">1</td><td rowspan="2">小短剧或演讲</td><td colspan="2">选择人物：__________
题　　目：__________</td></tr>
<tr><td colspan="2">参与人员及分工：</td></tr>
<tr><td>2</td><td>小论文</td><td colspan="2"></td></tr>
<tr><td>3</td><td>手抄报</td><td colspan="2"></td></tr>
</table>

设计思路：

根据分解的阶段任务，设计组员任务清单。通过出示任务清单，实现事事有人做，人人有事做。充分发挥组员的作用，调动参与项目的积极性。

（二）分解驱动问题 1

看完电影的感受是什么？

持续时间：2023 年 9 月 28 日—10 月 12 日（2 周）。

教学活动：

（1）学生根据自己的组别观看相应电影，撰写观后感或者影评，并记录有疑惑的地方。

（2）学生对有疑惑的地方进行考证，搜集可信史料如相关著作、论文等，考证过程中要留存过程性资料。

（3）教师解读评价量规。

设计思路：

通过电影这种形式激发学生学习兴趣，巩固学生所学内容，提高学生创作热情。历史课程最终考查学生落笔成文的能力，而观后感或影评的撰写能够培养学生的写作能力，提高学生的语言表达能力。带着思考去看电影能够培养学生的质疑能力，通过自己的努力去求证能够提高学生的自主探究能力。通过撰写观后感或影评，比较不同类型的影片，理解拍摄意图，学生能够提高口头表达能力、书写能力、语言组织能力、艺术鉴赏力等。本阶段连接了电影与课本，激励学生继续探究和努力。

（三）分解驱动问题 2

辛亥革命是没有结果的花吗？

持续时间：2023 年 10 月 13 日—10 月 19 日（1 周）。

教学活动：

（1）阶段性成果展示：学生在组内分享和交流自己的影评或观后感，选出最优秀的一篇在班级进行朗读和展示。

（2）学生以小组为单位，提出本组的疑惑之处，并展示本组搜集的证据。其他小组可以发表意见和观点。

（3）教师追问：同样是讲辛亥革命，纪录片和其他影片有什么不一样？

（4）教师追问：电影中有哪些内容是课本没有提及的史实？

（5）学生分为两个大组，即进步性组和局限性组，开展辩论赛。可以通过幻灯片、年代尺、思维导图等形式展示论据，也可以口述表达。

（6）教师点评学生活动，表扬优秀小组或个人，根据评价量规进行打分。

设计思路：

在看电影的过程中，学生会发现辛亥革命既有成功的一面也有失败的一面，英雄人物在这个过程中扮演了非常重要的角色。通过开展辩论赛，学生能对辛亥革命的两面性有更加深入的理解，还能提升语言表达与交流的能力。

（四）分解驱动问题 3

你想用什么样的方式介绍自己心目中的英雄人物？

持续时间：2023 年 10 月 20 日—10 月 26 日（1 周）。

教学活动：

（1）举办辛亥英雄介绍会，各组分别展示小短剧、演讲稿、小论文、手抄报等，介绍心目中的英雄人物，配幻灯片。

（2）教师提问：这些鲜活的英雄人物通过大屏幕的演绎，不仅带给我们视觉上的冲击，更给我们的心灵带来极大的震撼。他们有哪些精神感染了你？或者最让你热泪盈眶的是什么？

（3）教师总结：通过本次项目式学习，我们知道，不能简单地以成败来论辛亥革命。从整个中国近代革命史的全过程来看，辛亥革命在这漫长的征途上跨出了十分重要的一步，打开了中国进步的闸门，是中国人民一次伟大而艰辛的探索。在辛亥革命不久之后，中国共产党人继承和发展了孙中山先生的革命事业，取得了新民主主义革命的胜利，真正完成了民族独立、人民解放的历史任务，真正实现了辛亥革命先驱的抱负和理想。

（4）课后作业：请思考本次项目式学习的收获和感受，并对项目式学习提出建议。

设计思路：

给予学生展示空间，让他们分享自己的成果；在展示过程中，学生会更加自信、乐学、乐分享。引导学生用革命先烈的精神鼓励自己认真学习，践行社会主义核心价值观，做新时代有担当的中学生，为中华民族伟大复兴贡献自己的力量，涵养家国情怀，达到育人目的。

六、项目评价

“忆革命先驱 担时代使命”项目式学习评价方案见表 3-10-4。

表 3-10-4 “忆革命先驱 担时代使命”项目式学习评价方案

主要作品 / 表现	知识 / 能力目标	证据	评价方式	评价时机
影评或观后感	1. 能将电影内容和课本知识相结合，从多个角度对影片进行评价，如台词、氛围等。 2. 影评或观后感的格式正确。	影评或观后感语言通顺，思想正面，表达准确。	评价表、教师及时反馈	形成性评价（本阶段实施过程中）
辩论赛发言	能运用各种史料，表达自己的观点，做到有理有据，史论结合。	演示文稿制作完整、美观，史料运用准确，语言流畅，言简意赅，能灵活调整。	评价表、教师及时反馈	终结性评价（本阶段结束后）
小短剧	1. 能运用信息技术，烘托短剧的背景。 2. 能对自己的剧本进行准确表演；表演过程中，动作、表情、语言等到位。	演示文稿制作完整、美观，表演完整。	评价表、教师及时反馈	形成性评价（本阶段实施过程中）、终结性评价（本阶段结束后）
小论文	1. 论点鲜明，层次清晰，论据确凿，紧扣主题。 2. 能运用学科知识，甚至跨学科知识分析问题，逻辑严密。	结构完整，论据准确，紧扣主题。	评价表、教师及时反馈	终结性评价（本阶段结束后）

续表

主要作品 / 表现	知识 / 能力目标	证据	评价方式	评价时机
演讲稿	1. 演讲词紧扣主题、观点明确、思想积极正面。 2. 咬字清晰，声音洪亮；声情并茂，引发共鸣；脱稿演讲；着装干净、得体。	演讲稿主题鲜明，逻辑自洽，运用所学知识表达自己的情感。	评价表、教师及时反馈	终结性评价（本阶段结束后）
手抄报	1. 色彩感强，构图美观。 2. 书写端正美观，内容与主题高度契合。 3. 设计排版清晰，思路新颖。	设计美观大方，图文并茂。	评价表、教师及时反馈	终结性评价（本阶段结束后）

七、项目反思

（一）教师反思

该项目以电影为抓手，符合当下学生的兴趣点，容易激发学生的热情。即便是一部分学习能力较弱的学生，在电影的激励下，也能找出课本中没有涉及的史实。学生认识到，读论文也是学习历史的一种高效方法。对大多数学生来说，找出电影中的疑惑之处，还是有难度的。所以对学情还是掌握不到位，以后要改进。此外，在选择电影时，让学生完全根据自己的喜好选，会出现人数严重不均衡的情况。未来如果再设计项目，要认真考察学情，使之更加符合初中学生的发展规律，并对选择环节进行优化，避免出现不均衡的现象。

（二）学生反思

很高兴有这样一个机会表演短剧，大家分工明确，积极发挥作用，为团队建言献策。我们也收获了学习历史的多种方法，如看电影、听歌曲、读论文、查论著等，对辛亥革命的有关知识加深了理解。